해보니
되는구나
JUST TRY IT!

해보니
되는구나
JUST TRY IT!

초판 1쇄 발행   2022. 11. 2.
     2쇄 발행   2022. 11. 28.

지은이   모나
펴낸이   김병호
펴낸곳   주식회사 바른북스

편집진행   김재영
디자인   양현경

등록   2019년 4월 3일 제2019-000040호
주소   서울시 성동구 연무장5길 9-16, 301호 (성수동2가, 블루스톤타워)
대표전화   070-7857-9719 | **경영지원**   02-3409-9719 | **팩스**   070-7610-9820

•바른북스는 여러분의 다양한 아이디어와 원고 투고를 설레는 마음으로 기다리고 있습니다.

이메일   barunbooks21@naver.com | **원고투고**   barunbooks21@naver.com
홈페이지   www.barunbooks.com | **공식 블로그**   blog.naver.com/barunbooks7
공식 포스트   post.naver.com/barunbooks7 | **페이스북**   facebook.com/barunbooks7

ⓒ 모나, 2022
ISBN 979-11-6545-914-7 03190

늦깎이 경단녀 아줌마의 구글 입성기

해보니 되는구나
JUST TRY IT!

모나 지음

미국 실리콘밸리 빅테크 기업의
소프트웨어 엔지니어 취업 가이드

늦깎이 경력단절에 영어를 못해도 미국 실리콘밸리 구글 소프트웨어 엔지니어가
될 수 있는 그냥 한번 시도해 볼 수 있는 해외취업의 비밀

바른북스

머리말

　내가 책을 내다니! 한 번도 생각해 본 적도 없는 일이었는데. 실리콘밸리에 취업을 원하지만 미국이라는 불확실성과 영어의 장벽 때문에 두려워 망설이는 사람들에게 조금이나마 도움이 되고자 내가 겪은 경험을 바탕으로 미국에서 소프트웨어 엔지니어로서 정착하는 방법과 나름대로 정리한 인터뷰 팁을 공유하려고 시작한 일인데, 이렇게 지금 책의 머리말을 쓰고 있다.

　진심으로 숨김없이 내가 했던 방법을 이 책에 공유하였다. 죄송하게도 내가 했던 방법을 그대로 따라 한다고 해도, 100% 실리콘밸리에서 구직을 할 수 있다고 보장은 못 하지만, 어리바리한 경단녀 늦깎이 아줌마도 취직을 할 수 있었으니, 이 책을 읽는 독자분들도 분명히 원하시는 것을 성취할 수 있을 것이다. 나의 경우 운도 분명히 있었지만, 운만으로 취업에 성공한 것은 아니다. 좋은 소프트웨어 엔지니어가 되기 위해, 내로라하는 IT 회사에 들어가기 위해 눈부신 코딩실력과 기똥찬 시스템디자인 실력도 중요하지만, 그보다도 나를 사랑하고, 자신의 삶을 묵묵히 살아가면서 꾸준히, 기회가 생길 때 마음 내키면 도전하는 마음가짐이 더 중요한 것 같다. 원하는 것을 얻기까지 시간은 좀 더 걸릴지 모르지만, 그때까지 나의 삶을 충실히 살아낸 것이니 도전이 실패로 끝난다고 해서 내 삶이 갑자기 의미가 없어지진 않는다. 그리고 진짜로 계속 도전하면 기회가 생긴다.

Microsoft와 Google에서 소프트웨어 엔지니어로 일하게 된 것은 나에게 행운이다. 회사에서 제공하는 가시적인 혜택보다 눈에 보이지 않는 개발자를 존중하는 문화와 같은 값진 경험을 할 수 있었기 때문이다. 예를 들면, 해야 하는 일(Core)에 더 집중하게 하도록 도와주는 것, 주어진 업무에 대한 책임뿐만이 아니라 충분한 권한을 주는 것(까란다고 까지 않아도 되는 것), 비난을 하지 않는 문화, 누구든 의견을 낼 수 있는 오픈된 환경, 아프면 눈치 보지 않고 충분히 쉴 수 있도록 하는 여유, 자원봉사에 대한 지원, 직원의 취미 생활 장려 등등.

처음에는 실리콘밸리의 회사들이 제시하는 높은 연봉과 복지혜택 때문에 끌리지만, 시간이 갈수록 눈에 보이지 않는 것들에 더 매료된다. 한국의 소프트웨어 엔지니어들이여, 그냥 한번 실리콘밸리의 IT 회사에서 일하는 것을 시도해 보고 싶지 않은가?

이 아줌마는 어디서든 열심히 일하는 세상의 모든 소프트웨어 엔지니어들, 더 나아가 직장인들, 워킹맘들, 경력이 단절되었지만 다시 시작하려는 모든 분들을 응원합니다. 그냥 한번 시도해 보아요! Just try it!

목 차

머리말

< PART 1. 떠밀려서 해도 되는구나 >

CHAPTER 1. 대학원 입학 도전기

CHAPTER 2. 대학원 생활 살아남기

PART 2. 해보니 되는구나

CHAPTER 3. 미국 직장 도전기

CHAPTER 4. 늦깎이 아줌마의 온사이트 면접 후기

CHAPTER 5. 실리콘밸리에서 직장 다니면서 이직 준비하기

CHAPTER 6. 구글로 이직하기

＜ **PART 3. 해보니까 진짜 되는구나** ＞

CHAPTER 7. 늦깎이 아줌마의 미국에서 살아남기를 마치며

맺음말

떠밀려서
해도
되는구나

대학원 입학 도전기

Introduction

　지금으로부터 10년 전, 나는 다른 사람들 눈에는, 특히 나를 아주 많이 사랑하는 나의 멋진 남편 '장두' 씨의 눈에는 상당히 팔자 좋은, 집에서 노는 아줌마였다. 그 당시 나는 비록 경제적으로 여유가 있는 것은 아니었지만, 하루하루 은행 잔고 걱정 없이, 한 달에 한두 번 먹고 싶은 것을 먹으며, 일 년에 한 번 정도 여행을 갈 수 있는 정도의 삶을 살아가고 있었다. 무엇보다도 내가 제일 사랑하는 장두 씨의 눈치를 크게 살피지 않고 살아가고 있었다. 많은 가정에서 갈등의 원인이 되는 가사분담, 독박육아 등 이런 전형적인 부부간의 문제들은 타인에게 더 상냥하고 자상한 장두 씨가 집에서 많은 역할을 하고 있었기 때문에, 두 아이를 키우고 있는 주부(당시 육아 휴직 중)였지만, 나에게는 상당한 시간적 여유가 있었다. ─ 여기에서 잠깐 나는 그동안 집에서 느낀 설움에 대하여, 이 책의 주제에 살짝 어긋나지만 한 가지 짚고 넘어가고 싶다. 여기서 장두 씨의 '많은' 역할은 그때 당시(2000년대 중후반) 보통의 남편, 아빠들과 비교하여 '많은' 것이었다. 그 당시에 나는 엄마와 주부로서 티는 안 나지만 장두 씨보다 '훨씬' 많은 역할을 수행하였다. 하지만, 장두 씨와 대등한 경제적인 공헌에도 불구하고 사회에서도, 가정 내에서도 엄마, 아내로서의 의무의 범위는 아빠, 남편으로서의 범위보다 훨씬 넓게 인식이 되었고, 그리고, 너무 당연시되었다. 지극히 개인적인 경험을 바탕으로 한 나의 견해이지만, 남편의 가사와 육아 참여도는 아무리 작아도 칭찬받고, 맞벌이 하는 아내의 가사와 육아는 당연시되는 전통적인 시선이 나로서는 불편했다. 그래도 장두 씨의 역할은 작지 않았으며, 장두 씨의 그동안의 노고에 감사드린다. ─ 어쨌든, 다시 본래 이야기로 돌아와서, 그 당시 다른 남편과 아빠들에 비해 가사와 육아 참여에 적극적이었던 장두 씨는 회사의 지원을 받으며 미국의 한 대학원에 진학하게 되었고, 나도 그렇게 장두 씨의 미국 유학을 따라나서게 되었다. 나와 같이 배우자를 따라 미국에 온 많은 유학생 부인이나 남편들은 특히 유학 생활 초창기에 심리적인 어려움을 겪는다고 한다. 말도 통하지 않고, 아는 사람도 없고, 주변에 슈퍼와 같은 편의시설도 없어서(뉴욕과 같은 대도시가 아니라면), 무조건 차를 타고 이동해야 하는 낯설고, 척박한 상황에서 유학생 배우자들은 많은 시간을 집에서 홀로 지내다 보니, 심하면 우울증까지 겪는 경우도 있다고 한다. 행동반경이 많이 제한되었던 COVID19 상황에서 우울증과 같은 심리적인 고통을 호소하는 사람들이 늘어나는 것을 보더라도, 그보다 더 심한 제한을 느끼는 유학생 배우자로서의 삶은 쉬운 것이 아니다. 더욱이, 우리 장두 씨가 유학을 한 도시는 오로지 학교의, 학교를 위한, 학교에 의한 도시였기 때문에 학교 말고는 아무것도 없었다. 그런 곳에서 유학을 하는 배우자를 따라온 아내, 남편들이 느끼는 고립감은 아마도 더 심했을 것이다. 한국에서는 서울에서 2시간 정도의 거리에 있는 대전을 가깝다고 말하는 사람은 드물지만, 장두 씨가 유학한 미국의 시골 도시에서는 2시간 정도면 상당히 가까운 거리라고 느껴졌다. 하지만, 나는 나만의 이런 고립된 생활이 좋았다. 그 당시 나는 돌아갈 직장도 있었고, 그로 인한 심적 여유가 있어서 나에게 주어진 시간적 여유에 아주 감사하고 만족했다. 나의 어릴 적 꿈은 풍류를 아는 선량한 '한량'이었는데, 기회의 땅이라 불렸던 미국에서 나는 어릴 적 나의 꿈을 어느 정도는 이룬 것이기 때문이었다.

하지만, 내가 꿈꿔오던 풍류를 즐기는 선량한 한량의 생활에 한껏 취해 있을 때, 이를 탐탁지 않게 지켜보는 사람들이 있었고, 그중 유독 나를 불편한 시선으로 바라보았던 사람은 바로 나와 매일매일 같은 공간에서 가장 많은 시간을 함께 보내고 있었던 나의 사랑하는 남편 장두 씨였다. 나보다 6개월 먼저 미국으로 건너가 한 학기 동안 홀로 대학원 생활을 하고 있었던 장두 씨는 자신의 전공인 토목공학으로는 장두 씨의 학교가 미국의 토목공학 대학 중 상당히 랭킹이 높은 학교임에도 불구하고, 대학 졸업 후 영주권과 같은 비자가 없으면 미국에서 자리 잡기가 힘들다고 여러 유학생들이 전하는 카더라 통신을 맹신하고 있었다. 반면, 난감하게도 나의 전공인 컴퓨터과학 소위 '컴싸', '컴퓨터 사이언스'를 전공한 학생들은 학교 졸업 후 미국의 회사에 쉽게 취업할 수 있다고 굳건하게 믿고 있었다. 이쯤에서, 나에 대해서 소개를 하자면, 나는 '전산' 전공을 한 사람으로서, 이전까지 한 번도 내 전공에 대해 '컴퓨터과학과' 혹은 '컴퓨터공학과'라고 소개를 해본 적이 없었다. 내가 기억하기에 '컴퓨터'라는 아주 그럴듯한 이름이 대학교 학과명으로 사용되기 전에는 모두 '전산'이라고 불렀다. 오늘 학교 홈페이지를 방문해 보니, 내가 졸업한 학과 역시 이름이 '컴퓨터공학'으로 바뀌어 있다. 또한, 나는 그 당시에 어느 기업의 '전산정보부'에 적을 두고 육아 휴직을 하고 있었는데, 내가 어떻게 내 전공을 부르는가에서 유추할 수 있듯이 나는 그렇게 대학을 졸업한 지가 오래되었고, 힘들게 대학을 졸업한 후 더 이상의 공부는 내 삶에 있을 수 없다고 생각했다. 솔직히 어렵고 재미없는 공부를 더는 할 필요가 없길 바랐다. 이런 나의 바람과는 상관없이 장두 씨는 영화 '기생충'에서 주인공 기택 씨의 아들 기우처럼, 다 계획이 있었다. 장두 씨는 은은하지만 끈질기게 내가 컴퓨터학과 대학원에 진학을 하고, 졸업을 한 후에 미국에 취직하여 미국 땅에 자리 잡을 것을 요구했다. 미국 내에 학위 취득은 외국인으로서 미국에 취직하는 취업 비자를 얻는 방법 중에 하나이고 많은 사람들이 선택하는 방법이다. 미국에서 학교를 졸업한 외국인들에게 비자를 주는 이유는 미국에서 공부했으니, 배운 지식을 미국 내에서 활용해 보라는 취지다. 좀 더 자세히 말하면, 미국에서 학위 취득 후 전공 분야에서 직무 경험을 쌓을 수 있도록 실습 기회를 제공하는 OPT(Optional Practical Training)를 통해 졸업 후 전공과 관련이 있는 미국 회사에서 구직을 하면, 정해진 기간만큼 미국에서 합법적으로 거주하며 일할 수 있다. 특히 STEM (Science, Technology, Engineering, and Mathematics) 전공자들은 OPT 기간을 연장할 수 있다. 일반적으로 이 OPT 기간 내에 일하는 회사를 통해서 취업 비자(H1b)나 영주권(Green Card)을 진행을 하는데, 이런 비자를 취득하면, 그만큼 미국에서 일할 수 있는 기간은 더 늘어난다. 이 책은 나의 미국 대학원 진학 및 미국 취업에 대한 지극히 개인적인 경험을 공유를 하는 곳으로, 미국 취업에 대한 여러 가지 다채로운 방법에 대한 소개는 자세히 다루지 않겠다. 또한, 내가 했던 방법은(미국 대학원 졸업 후 OPT를 통한 취업 비자 취득) 2015~2016년 당시에 있었던 것으로 현재 2022년에도 존재하기는 하지만, 미래에는 달라질 수도 있는 점을 유념해야 한다. 그래서 이런 정보는 주변 사람들의 경험이나 개인 블로그는 그냥 참조만 하고, USCIS와 학교 공식 홈페이지 등과 같이 해당기관의 홈페이지에서 제공하는 정보를 일일이 확인해야 한다. 그리고, 아

JUST TRY IT
해보니 되는구나

무리 제도가 달라져도, 항상 미국에서 취업을 하거나 대학원을 진학하는 방법은 있을 터이니, 대학원 진학 혹은 미국 취업을 원한다면, 이 아줌마처럼 나름의 방법으로 그냥 한번 해보면 되는 것이다(Just Try It). 미리부터 학원비, 교재비, 첨삭비 등의 비용을 걱정하지 마시라! 이 아줌마도 넉넉하지 않아서 그런 고품질 서비스를 이용하지 못했지만, 결국에 대학원에 입학할 수 있었다. 늦깎이 경단녀 아줌마보다 능력이 좋은 여러분들도 분명히 시도해 보면, 그렇게 될 것이다. 나는 진정으로 그렇게 믿는다.

미국에 자리 잡기 위해서 갑자기 미국 대학원 진학준비를 시작하는 게 얼마나 말도 안 되는 뜬금없는 이야기인지 알아보기 위해, 대략적으로 대학원 진학에 무엇이 필요한지, 생각나는 대로 나열을 해보았다. 본론에 들어가기 앞서 한 번쯤은 장두 씨에게 물어보고 싶다. 왜 장두 씨 본인은 주말에 나랑 놀아주지도 않고 압구정 학원에 나가서 하루 종일 공부했으면서, 또 어느 날은 일본까지 가서 GRE를 응시했으면서, 왜 정작 나한테는 대학원 준비가 어려운 일이 절대 아니라며 에둘러 말했는지. 아직도 공항버스 차비가 아깝다고 따라 나오지 말라고 했지만, 일본으로 GRE 시험 보러 가는 장두 씨를 만삭의 몸으로 공항에서 배웅한 후 돌아오는 공항버스 안에서 남몰래 눈물을 훔치던 그때가 생각난다.

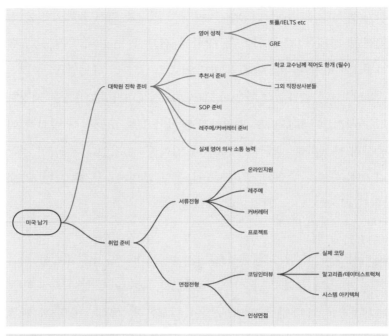

[사진1] 미국에서 살아남기 위해 준비한 것들

여기에서 나열된 모든 것이 완벽하게 준비된다고 하여도, 대학원 진학은 당락의 문제이다. 즉, 내가 결정하는 것이 아니라는 것이다. 하지만 언제나 길을 찾으면 그곳에는 길이 있다는 것을 명심하자.

이제부터 미국 대학원 진학을 목표로 하는 분들을 위해, 한국에서 준비하시는 분들(장두 씨의 방식)과는 사뭇 달랐던 나의 지극히

JUST TRY IT
해보니 되는구나

개인적인 성공 경험담을 공유하고자 한다. 이것은 내가 했던 방법으로 "이렇게만 하면 반드시 성공할 것이다."라는 것이 아니라, 대다수의 사람들이 하는 방식과는 다른 이런 방식도 통한다는 것을 많은 사람들에게 알리고, 상대적으로 정보도 없고, 교재도 구하기 어렵고, 학원도 없는 불리한 위치에 있었던 내가 미국에 남기 위해 뭐라도 시도했던 이 방법을 하나의 예시로 생각해 주었으면 한다. 막연히 '이런 야근이 많은 상황에서는 토플 학원도 갈 시간도 없는데, 미국 대학원 진학은 꿈도 못 꾸겠지.'라는 생각만으로 포기하지 말고, '그냥 한번 해볼까(Just Try It)?'의 정신으로 도전했으면 하는 바람으로 나의 경험을 공유하고자 한다.

늦깎이 두 아이의 엄마,
경단녀의 대학원 도전기

◇

나는 학교에 대한 선택권이 없었다. 이 세상에서 제일 이쁜 공주님 둘과 사랑하는 장두 씨를 놔두고 다른 지역에서 공부할 수는 없었으니까 장두 씨가 다니고 있는 학교를 목표로 준비하였다. 솔직히 처음에는 장두 씨의 권유에 따라 보여주기식으로 시작하였고, 다른 학교도 지원하기에는 나의 초라한 대학교성적으로는 어드미션 받을 확률이 아주 낮다고 생각했다. 그러니, 대학원 어드미션에 드는 비용이 아까웠다. 미국은 어떤 비용이건 모두 다 비싸다. 참고로 장두 씨가 다니는 학교의 컴퓨터 사이언스 대학은 미국 컴퓨터 사이언스 대학원 순위 50위권 내 있는 학교였다. 장두 씨의 학교에 지원하기 위해서 나는 다음과 같이 노력하였다.

영어성적

요구하는 영어성적은 학교마다 다르지만, 내가 진학하고자 했던 학교에서는 대부분의 학교들이 그랬듯이 international 학생들을 대상으로 토플 혹은 IELTS 등의 영어시험 점수를 요구했고, 모든 대학원 지원자들에게는 GRE 시험성적을 요구했다. 지금 내가 졸업한 학교 홈페이지를 검색해 보니, 토플은 최소 ibt 80점, IELTS는 6.0 이상, 그리고 GRE는 verbal reasoning score가 최소 146점이라고 학교 어드미션 페이지에 나와 있다. 또, GRE 점수에 관해서는 단과대학별로 달라질 수 있다고 명시되어 있다. 내가 지원했을 당시 공과대는 타과대에 비해서 상대적으로 영어를 못하는 international 학생들이 많다 보니 GRE 시험에 대해서는 따로 하한 점수는 없었던 것으로 어렴풋이 기억한다. 오늘(책을 쓰는 시점) 내가 졸업한 공과대학의 어드미션 페이지를 찾아보니 공과대 중 일부 학과, 토목공학과 등 몇몇 개의 과를 제외하고, 나머지 학과들은 2021년 봄, 가을학기와 2022년 봄학기까지 GRE 시험성적 제출이 요구되지 않는다고 공지되어 있다. 와우! 컴퓨터학과, 전자공학과 등 대부분의 공대 학과들이 대학원 진학 시 GRE 성적 제출을 요구하지 않고 있다. 이렇듯이, 요구사항은 대학마다 비슷하지만 다르고 또 같은 학교라고 하여도 학과마다 차이가 있을 수 있으며, 시간과 상황에 따라 변하니, 반드시 학교 공식 홈페이지를 통해서 필요한 것이 무엇인지 꼼꼼히 확인하고 준비하면 된다. 나는 토플시험을 특별한 준비 없이 라이팅에 대해서만 인터넷에서 찾은 템플릿을 외워서 미국에서 2번을 응시했다. 토플계의 바이블이라 불리는 해커스 토플책을 구하기 어려웠다. 솔직히, 배송비(한국에서 미국으로)가 비싸고, 아까웠다. 미미했지만 나의 토플 점수는 첫 번째는 80점대 초반, 두 번째는 91점이었다. 계속 공부한다고 해서 더 높은 점수가 나올 것 같지 않아서 두 번째 시험 이후 더 이상 토플 공부하지 않았다. GRE 시험 준비는 "The Official guide to GRE"를 사서 책에 딸려 나오는 모의 테스트(CD)를 계속 풀었다. 요즘은 CD-ROM이 부착되어 있는 컴퓨터가 거의 없지만, 그 당시에는 다행히 남편이 다니는 학교의 도서관에 있는 공용컴퓨터들은 CD-ROM이 있었다. Verbal은 너무 어려워서 공부를 해야 할 이유를 찾지 못했다. 점수는 130점대인 것으로 기억이 난다. 참고로 Verbal 시험의 최하 점수는 130점이었다. Writing은 6점 중 3점. GRE quantitative practice는 1개를 틀렸다. GRE quantitative practice는 영어로 쓰여진 문제만 이해한다면, 그 문제를 푸는 것은 쉬웠다. 내 경험에 비추어 보면, 한국에서 초·중·고·대학교를 나온 보통의 한국 사람이라면, 특별히 따로 공부하지 않아도 GRE quantitative practice 문제를 풀 능력은 이미 충분히 갖고 있다고 생각한다. 아마도 나처럼 수학 문제를 풀 수 있는 능력보다 영어로 출제된 문제를 추론하여 이해하는 능력이 더 필요할 것이다. 나중에 보니, 한국에서 준비한 친구들은 GRE quantitative practice 는 거의 다 만점을 받는다고 한다. 내가 한국에 있었더라면, GRE Verbal 점수가 아주 민망한 점수여서 대학원 지원조차 시도하기 꺼려질 수도 있었겠지만, 주변에 비교할 정보도 없었고 같이 준비하는 사람도 없다 보니, 내 점수가 얼마나 형편없었는지 그때는 전혀 몰랐다. 그런데, 지금 생각해 보니 이것이 나를 주눅

들게 하지 않았고, 걸림돌로도 작용하지 않아서 다행이었다. 보다시피, 애가 둘 딸린 늦깎이 경력 단절 아줌마도, 이 초라한 점수로 미국 컴퓨터 사이언스 대학원 랭킹 상위 50위 안의 대학원에 진학을 할 수 있었다. 그러니 학원이나, 유학 준비 커뮤니티에서 알려주는 너무나 획일화된 방식으로만 대학원 진학을 접근하지 않았으면 좋겠다. 이것이 나의 경험을 공유하고자 하는 이유이기도 하다. 그냥 해보자. Just Try It.

학교성적

대학원을 준비할 당시 나는 이미 대학을 졸업한 지가 거의 15년이 다 되어서, 재수강 등을 통해 학교성적을 고칠 수도 없고 해서 위의 마인드맵 표에서는 학교성적 증명서를 나열하지 않았다. 하지만, 학교성적 증명서 제출은 어느 대학이나 필수 사항이다. 거두절미하고, 나의 대학교성적은 그리 아름답지 않다. 나는 대학원 진학을 준비하기 전까지 내 GPA가 얼마나 낮은지 몰랐다. 졸업을 하고, 취직을 한 뒤로는 특별히 나의 대학 GPA를 쳐다볼 일이 없었으니까 당연한 것이었다. 그런데 대학 졸업 후 십수 년이 지난 후 갑자기 나의 GPA가 부끄러워지는 순간이 온 것이었다. 요즘 대학생들은 치열하게 산다고 뉴스에서 얼핏 봤는데, 진짜로 피부로 와닿는 순간이었다. 내가 졸업할 당시만 하더라도 내 GPA가 부끄러

웠지만 이 정도로 부끄러운 점수는 아니었는데. "라떼는 말이야
~."라고 꼰대 소리를 듣더라도 구차하게 변명을 해볼 수는 있지만,
그건 상대방이 내 이야기를 들어줄 시간이 1초라도 있을 때 가능
한 것이다. 지금 나의 대학생활을 뒤돌아보면, 이미 대학교 1학년
1학기 초반에 한 과목에서 F를 꿰차고, 학교에는 가지만, 수업에는
들어가지 않았으며, 이 권총(F)과 C, D들이 바로 대학생활의 낭만
이라고 얼마나 내 자신을 자랑스러워하고, 으스대며 학교 잔디밭을
누비고 다녔던가? 참으로 어리석은 객기로 주책맞았던 청춘이었
다. 뭐 조금 더 내 이야기를 들어줄 여유가 있다면, GPA 2점대 초
반(거의 1점대)에서 3점대로 올리는 것이 얼마나 어려운 줄 아는가?
대학교 3·4학년 때는 그래도 다행히 정신을 차리고 피와 땀 그리
고 눈물 흘리며 노력했다. 나름 대학교 입학 시 성적 우수 장학금
도 받았었다는 말이 무색한 GPA이긴 하지만 말이다. 세상은 변했
고, 나의 생각과 가치관도 변했다. 인생의 낭만이 이렇고 저렇고
간에, 인생을 한 번 사는지 두 번 사는지 따지기 전에, 기록이 남
는 거라면, 무.조.건 잘 받아놔야 한다는 가르침을 내 가슴에 다시
한번 새긴다. 여러분들도 꼭 명심하기 바란다. 남겨진 기록은 언
젠가 다시 보게 될 날이 오니까. 그래도, 나의 과거를 원망하며 그
냥 전체를 포기하기보다는 마음을 다잡고 내가 현재 할 수 있는 것
에 초점을 맞추어, 대학원 진학을 도모해 보기로 했다. 그렇다. 하
기로 했으니까, '그냥 해보기'로 했다. Just Try It. 해보고 안 되면
그때 가서 포기하면 되니까.

JUST TRY IT
해보니 되는구나

추천서

　　미국 대학원의 입학전형은 보통 3개의 추천서를 요구한다. 처음에 추천서는 별것 아닌 것이라고 생각했다. 미국대학에서 한국에 있는 추천인에게 절대로 영어로 국제전화를 걸 일이 없다고 직장상사를 안심시키고, 대충 부탁하면 되는 것이다. 보통은 미국 대학원에 관심이 없어 잘 모르는 분에게, 이까짓 거 별것 아니라고 확신을 심어주면, 대부분 다들 잘 응해주신다. 문제는 내가 목표로 하는 학교에서는 적어도 1개의 추천서는 대학교 교수님 중에 받아야 한다고 명시를 한 것이다. 변명처럼 들리겠지만 나는 그 시대의 흐름에 따라 다른 학생들처럼 특별한 목적 없이 점수에 맞추어 대학을 갔다. 대학교 1학년 때는 F도 받아보고, 성적은 C, D. 당연히 대학원은 전혀 생각도 안 했다. 한마디로, 교수님들에게 존재감이 없는 학생이었다. 대학 졸업 후 굳이 교수님을 따로 방문한 적도 없었으며, 혹여, 모교에 방문을 해본 적이 있나 생각해 보니, 친구가 대학교에서 결혼하는 바람에 가본 것이 전부였다. 내가 추천서를 교수님께 부탁해야 했을 때, 만약 내가 한국에 있었더라면, 현재는 성공한 직장인이지만, 현 직장에서 소모되어 지친 나 자신을 위해 다시 학교로 돌아가 공부를 하며 재충전하고 싶은 것으로 치장하고, 직접 교수님을 방문하여 추천서를 간곡히 부탁을 드릴 수도 있었겠으나, 당시 미국에 있었던 나로서는 한국에 계신 교수님들을 직접 찾아뵐 수는 없었다. 자칫 성의 없어 보일 수 있는 이메일을 교수님들께 보내보는 것밖에 없었다. 그렇게 미국 시골에서 오래전 나의 대학생활을 되돌아보며, 나에게 추천서를 가장 잘 써주실 것 같은 한 명의 교수님을 물색해 보았다. 바로 이분, 모교를 졸업하시고, 모교에서 교수님이 되셔서 강의하시는 교수님, 내 기억 속에 남아 있는 그 교수님은 늘 수업 중간에 이렇게 말씀하시곤 하셨다. "너희들이 잘되어야 학교도 발전한다. 너희들이 졸업해서 다른 곳에서도 열심히 하지만, 모교 출신 교수가 우리 학교에 많아야 우리 학교가 발전한다." 학과수업과 별도로 우리 학교 출신이 잘되어야 한다는 응원의 메시지도 잊지 않으시던 교수님이셨다. 용기를 내서 교수님께 이메일을 썼다. 그 내용을 요약해 보면, 구구절절 교수님 존경합니다. 못 찾아 봬서 죄송합니다. 저는 몇 년도에 교수님께 이런저런 수업을 들었던 학생인데, 성적은 뭐고, 직장은 여기 다니고, 결혼도 했고, 애는 둘이고, 남편 따라 미국 왔는데, 늦은 나이지만 그래도 미국에서 대학원 가고 싶어요. 추천서를 부탁드려도 될까요? 기대감과 설렘으로 하루, 이틀이 지나고, 다행히 교수님으로부터 답장이 왔다. 첫 줄은 아직도 기억이 나는데, "나는 자네를 모르네.", 마지막 줄은 "다른 분에게 부탁해 보게, 응원하네." 아~~. 대학원 진학준비를 하면서 첫 번째로 겪은 좌절이었다. 써주실 것이라 믿었기 때문에, 그 충격은 더 컸다. '아! 교수님, 교수님 과목이 필수 과목이라, 수업을 들었던 학생들이 얼마나 많은데, 꼭 그렇게 교수님이 개인적으로 알아야만 그리고 기억하셔야만 추천서를 써주실 수 있는 건가요? 늦은 나이에 지금이라

도 공부하고 싶다는데 정녕 추천서를 써주시면 안 되는 것인가요?'
교수님이 야속했고, 속으로 절망했다. '아! 내가 가장 추천서를 써
주실 것 같았다고 생각했던 분이 안 써주신다고 하면(교수님도 사정이
있으셨겠지만), 이제 나는 누구한테 부탁을 해야 한단 말인가?' 지금
생각하면 이것은 작은 좌절에 불과했지만, 그때는 마치 세상이 망
한 듯, 아무 희망도 남아 있지 않는 것과 같이 암울했다. 이 사태
를 처음부터 지켜보던 나의 대학원 진학을 배후 조종했던 장두 씨
는 다른 교수님께 이메일을 써보라고 했다. 나는 영 내키지 않아서
며칠을 미루다가 내가 2개의 수업(한 과목은 A, 다른 과목은 B)과 마지막
졸업 프로젝트까지 했던(그 당시 그 랩의 대학원생과 진행) 교수님께 추천
서를 부탁해 보기로 했다. 한껏 낮아진 기대감으로 나는 시큰둥했
다. 그러나, 그 교수님은 예상외로, 기억도 나지 않는, 유학을 하기
에는 낮은 GPA를 가진 늦깎이 아줌마 졸업생이 내민 손을 잡아주
셨다. 교수님의 답장을 읽는 순간, BGM으로 베토벤의 교향곡 9번
4악장이 연주되는 순간이었다. '영화로운 조물주의 오묘하신 솜씨
를~~ 우리들의 무딘 말로 기릴 줄이 있으랴~~.'

　　내가 겪은 인생은 그랬다. 내가 생각하기에 열릴 것 같은 문이
안 열리기도 하고, 안 열릴 것 같은 문이 열리기도 했다. 내 생각에
이 문은 열릴 것 같은 문이고, 내 생각에 저 문은 안 열릴 것 같은
문이라는 것은 내가 처한 상황을 결정짓는 요소가 아니었다. 단지
나에게 기대감 혹은 불안감을 주는 요소였다. 나는 문을 두드리는
것만 할 수 있다. 내 생각에 열릴 것 같고, 내 생각에 안 열릴 것

같다는 내 추측과 예상에는 상관없이 열고 말고는 상대방이 결정하는 일이다. 그러니 내가 할 수 있는 일은, 기대감에 현혹되지 말고, 불안감에 초조해하지 않고, 그냥 문을 두드리고(Just Try It!) 기다려 보는 것이다. 만약 문이 열리면, 그 문으로 들어가면 되고, 만약, 문이 열리지 않는다면, 그 옆에 문도 두드려 보는 것이다. 까짓거 그냥 '해보는' 것이다. Just Try It! 열리는 문을 만날 때까지 두드리면, 결국 열린 문을 보게 되는 것이고, 열린 문을 만나기 전에 문 두드리기를 중단한다면, 그 문제에 대해선 닫힌 문만 보는 것이다. 물론 여러분들이 전생에 나라를 구했다면, 문을 두드리기도 전에 그 문이 열릴 것이지만. 나를 포함한 많은 분들이 안타깝게도 전생에 나라를 구할 수 있는 기회가 없었던 것 같다. 그러니 함께 힘차게, 끈질기게 문을 두드려 보자. Just Try It.

각종 기타 서류들

준비해야 되는 다른 서류 중 SOP와 레쥬메, 커버레터는 구글과 네이버에 템플릿과 예시가 많이 있었다. 자료를 공유해 주신 분들도 힘들게 일일이 찾아가며 작성하신 것들일 텐데, 이 자리를 빌어서 소중한 자료를 만천하에 공유해 주신 분들께 감사드린다. 기타 서류들은 미리 준비하셨던 선배님들의 템플릿 중 맘에 드는 것 하나를 골라 직접 작성했다. 영어로 작성해야 하니까 교양있는 미국인에게 혹은 영어 잘하는 사람에게 내가 작성한 문서에 대해 감수를 받으면 좋았겠지만, 그렇게까지 하진 못했다. 어리석게 들리겠지만, 직장 생활 10년 차의 잘못된 견해로, 이런 문서들은 거의 요식행위라고 생각했다. 그리고 다른 것들도 신경 쓸 게 많아서 이 부분에 대해서는 많은 준비를 하지 못했다. 내가 한 것은, 대학원생 한 명을 소개받아 내 글짓기의 첨삭을 받았는데, 기대한 것과는 다르게 나와 별반 다르지 않았다. 도긴개긴이었다. 미국 생활과 대학원 생활을 해보면 알게 된다. 영어란, 영어로 의사소통을 자유롭게 할 수 있을 정도로 실력을 늘려, 더 이상 영어에 대한 걱정이 없는 단계에 올라, 영어에 대한 두려움을 없애는 것보다 한편으로는 그냥 영어를 원어민처럼 잘할 수 있다는 것을 포기하는 것이 훨씬 빠르게 마음의 평화와 일상생활에서 안정을 얻을 수 있다는 것을. 나중에 내가 영어 실력을 늘리기 위해 했던 다채롭고, 눈물겨운 노력과 왜 영어를 내려놓는 게 좋은지에 대해서 써보도록 하겠다. 이렇게 기타 서류들에 대한 준비는 평탄하게 지나갔다.

추가적인 노력

나보다 미국 생활을 빨리 시작한 장두 씨의 대학원 석박사 친구들은 이미 미국 대학원 생활에 많은 정보가 있었다. 나와 같은 과는 아니었지만, 다들 대학원 입학전형을 통과하고 들어오신 나에게는 선배님들이었다. 대부분 한국에서 학원 다니며 영어성적 준비하신 분들이고, 혹은 다른 대학원에 다니다가 편입하신 분들도 있었다. 그분들이 한결같이 공통적으로 나에게 준 대학원 진학에 대한 조언은, 이미 목표로 하는 대학은 정해져 있고, 내가 미국에 있기 때문에, 지원하려는 학교에 계시는 교수님들을 직접 찾아가서 내가 그 연구실에 필요한 존재라고 어필해 보라는 것이었다. 이 방법은 이미 대학원을 합격한 분들 특히 박사과정 학생들에게는 아주 익숙한 방법이었다. 대학원생들은 원래 학교에 학비를 내고 배우고 연구하는 학생인 것이므로, 직장인처럼 일을 하고 받는 월급과는 다르게, 학비 보조와 최소의 기초 생활을 할 정도의 '펀딩'을 받는다. 대학원 진학 후 생활비와 학비를 감당하기 위해서는 이 '펀딩'이 중요하다. 특히 물가랑 학비가 비싼 미국에선 더더욱 펀딩이 중요하다. 공과대학의 경우 박사과정은 5~7년으로 꽤 길기 때문에 '펀딩'에 따라 학교 내에서 연구 분야를 옮기거나, 학교도 옮기는 경우가 종종 있다. 만약 현재 분야에서 펀딩이 중단되거나 중단이 예상되면, 펀딩을 줄 수 있는 다른 교수님을 찾아가 같이 미래를 도모해 보는 것이다. 현재를 살아남아야 미래도 있는 것이니까. 이것도 하나의 작은 어드미션과 같다.

하지만, 아무리 좋아 보여도, 이것은 내가 제일 피하고 싶어 하는 방법이었다. 그 이유는,

첫째, 얼굴도 모르는 분에게 부탁할 정도로 내 얼굴이 두껍지

않았다.

둘째, 나의 객관적인 자료들을 봤을 때 거절당할 것이 뻔한데 영업사원처럼 내 이력서를 들이대고 면전에서 거절당하는 게 두려웠다.

셋째, 아직 회사를 그만둔 것이 아니었어서 내가 마음만 먹는다면 언제든 돌아갈 곳이 있었다. 즉 나 자신을 사지로 몰 정도로, 절실하지 않았다.

넷째, 교수님이 나를 받아주신다면, 내가 그만큼 그 기대에 부응 해야 하는데, 공부에 손을 놓은 지 오래되다 보니 그 기대에 부응할 자신이 없었다.

다섯째, 나의 마음과 별개로 나의 성격을 보면 교수님의 기대에 부응하려고 노력할 것인데, 정작 나는 내가 한국에 있을 때처럼 치열하게 살고 싶지 않았다.

나는 물 밑에서 발길질 빡시게 하지만 물 위에서는 고고하고 우아한 척하는 백조가 싫었다. 결혼 전 장두 씨에게 내가 꿈꾸는 삶은 속세에 시달리지 않고, 아침에는 수영, 오후에는 골프를 치며 사는 것이라고 말한 적이 있었다. 한마디로 말하면, 풍류를 아는 선량한 '한량'이 되고 싶었다. 지금도 선량한 한량이 나의 꿈이다. 결혼 전 나는 장두 씨가 나의 꿈을 이뤄주겠다고 해서 그 말만 믿고 덥석 결혼을 했는데, 결혼 10여 년이 지나도록 아직도 수영과 골프를 못 하고 있다. 과연 결혼 20년이 지나면 할 수 있을까?

날마다 학교 컴퓨터학과의 교수님들을 찾아가 보라는 장두 씨의 권유가 시작되었다. 장두 씨 권유의 세기가 점점 거세지면서 권유에서 점차 요구사항으로 변해가고 있었다. 한 번, 두 번, 세 번 슬슬 피하다가 결국엔 숨이 막혀오기 시작했다. '나한테 그러지 말고, 네가 제발 네가 미국에서 성공하라고.'라고 맘속으로만 생각했다. 그때 나는 아직 장두 씨를 많이 사랑하고 있었으니까. 결국 매일매일 숨 막히는 생활을 피하기 위해 컴퓨터학과 교수님을 찾아가 보기로 했다. 아무리 그냥 해보기로 했어도(Just Try It), 무턱대고 그냥 갈 순 없었다. 내가 왜 교수님 연구실에 필요한 인재인지 어필을 해야 했다. 교수님을 찾아가기로 마음을 먹었더니, 자동으로 어떻게 준비를 해야 할지 머릿속으로 계획이 펼쳐졌다. 인간의 뇌는 이렇게 신비하다. 이렇게 인간이 목표를 세우면, 자동으로 계획을 설계해 주는 기능은 인간 뇌의 전두엽이 담당하고 있다고 한다. 그러니 우리의 뇌를 믿고 해보고 싶은 것이 있다면 그냥 한번 해보자. 나의 실행계획은 이랬다. 찾아갈 교수님의 연구실에서 발표한 최신 논문 3편을 읽고, 어떻게든 내 경력과 연결고리를 찾아내서 내가 그 연구실에 꼭 필요한 인재라는 것을 강하게 부각시키는 것이다. 내가 생각해도 좋은 방법이었다. 그런데, 문제는 논문을 읽기가 어려웠다. 어려워도 너무 어려웠다. 내가 좋아하는 TV 프로인 '맛있는 녀석들'에서 "먹어본 자가 맛을 안다."라고 하지 않았던가? 평소 논문은커녕 전공서적이나 전공 관련 블로그도 읽지 않았었는데 그것보다 더 어려운 논문이 눈에 들어올 리 만무했다. 더욱이 연구 주제도 생소하고, 논문 포맷도 익숙하지 않았다. 도저히 논문의 내용을 이해할 수가 없었다. 그래서, 포기했냐고? 그렇다. 논문 전체를 읽는 것은 포기하고 마음의 평화를 찾기로 했다. 하지만 모든 것을 포기한 것은 아니었다. 논문의 Abstract와 Conclusion만 읽고 나머지는 내 상상력을 이용하기로 했다. 다행히 상상하기는 내가 잘할 수 있는 분야였다. 해당 연구실에 맞게 가장 비슷한 내 경력을 끼워 맞춰서 본문을 쓰고, 부끄러운 성적 증명서, SOP, 레쥬메를 첨부하여 찾아뵙고 이야기 나누고 싶다고 이메일을 보냈다. 신기한 게, 물론 전부는 아니었지만, 만나달라니 만나는 준단다. 그렇게 약속을 잡고 떨리는 맘으로, 볼품없는 레쥬메였지만 정성스럽게 뽑아 들고 컴퓨터학과 교수님들을 찾아갔다. 여전히 내키지 않아 쭈뼛쭈뼛하게 자신감 없는 태도로, 교수님과 대화를 5~10분 정도 했다. 다들 바쁘신 분들로 만나주신 것만으로도 영광이었다. 내가 만난 교수님들은 모두 나의 레쥬메는 받았지만, 결국 아무 연락도 없었다. 아무래도 예의상 받으신 거 같았다. 교수님과 대화를 하면서 나의 영어 실력이 들통났고, 쭈뼛쭈뼛하며 자신감도 없었으니 당연한 결과였다. 나중에 생각해 보니, 교수님과 5~10분간의 대화는 구직활동 중에 하는 인터뷰랑 똑같은 것이었다. 그런데 나는 연관도 별로 없는 경력을 갖고 있으면서, 소극적인 태도만 보이고 말았으니 좋은 인상을 줄 수는 없었다. 이 정도로 노력했으니, 나는 속으로 장두 씨가 이제 그만 나를 포기하고 다시 나를 풍류를 아는 선량한 한량으로 살게 하겠지 싶었다. 하지만 내가 사랑하는 장두 씨는 내 생각하는 것보다 훨씬 더 강한 인내심과 끈기가 있는 사람이었다. 아마도 내가 컴퓨터학과의 모든 교수님들을 만나고 거절을 당해야만 포기할 사람이었다. 그래서 타과생(장두 씨와 장두 씨 친구들)보다 컴싸생을 찾아서 학과 내부 사정을 들어보기로 했다. 여기저기 찔러본 결과, 정보가 모이기 시작했고, 어느 어느 교수님이 이러저러한 사정으로 현재 대학원생 인력난이 있다는 소식이 들렸다. 그리고 그것은 어려운 논문을 읽어가며 가까스로 찾아낸 나의 경력과 교수님의 연구실과의 연결고리보다 더 강력한 작용을 했다. 두 번째 시도로 찾아간 교수님들 중 한 분과 약 30여 분에 걸친 대화, 즉, 인터뷰를 했다. 첫 번째 시도의 실패를 거울삼아 교수님과의 대화가 구직 시 심층 면접이라고 생각하고 임했다. 결국 그 연구실에서 필요로 하는 일 중 내가 할 수 있는 일을 찾아낼 수 있었고, 다행히 교수님의 추천을 받고, 대학원에 진학할 수 있었다.

[사진2] 저자의 대학원 학교 앞에서 포즈 취하는 아이들

JUST TRY IT
해보니 되는구나

늦깎이 두 아이의 엄마,
경단녀의 대학원 도전기를 마치며

✥

많은 사람들은 각기 다양한 목표들을 가지고 대학원 진학을 준비한다. 나는 대학원 진학을 통해 원하는 전공 분야에서 최신 기술을 연구하기보다는 단지 대학원 졸업 후 취업을 목표로 했던 케이스였다. 즉, 학문적인 호기심보다 현실적인 미국 취업이 목적이었기 때문에 원하는 것 한 개, 딱 한 개 미국에서 취업의 길을 열어줄 '대학원 입학'에만 초점을 두었다. 만약 여러분들 중에 미국 대학원 진학을 통해 요즘 핫한 분야, 예를 들어 머신러닝을 연구하고 싶다거나, 미국의 상위 10위안에 드는 학교들로 진학을 희망하고 또는 해당 분야의 세계적으로 저명하신 교수님의 지도를 바란다거나, 혹은 순수하게 취업이 아닌 연구를 목적으로 대학원 진학을 준비하고 있다고 하더라도, 여러분들이 지금 대학원 입학을 위해 준비하고 있는 그 방법에 더불어 부수적으로 여기에서 소개한 방법들을 추가한다면 분명히 좋은 결과를 얻을 것이다. 높은 GPA, 100점대 토플과 높은 GRE 점수 등 해당 대학에서 요구하는 사항을 모두 만족시킬 수 있다면 당연히 원하는 결과를 얻을 수 있다. 하지만 나와 비슷한 조건에서 미국 취업을 목표로 하는 사람들이라면, 굳이 어렵고, 시간도 많이 들고, 비싼 길을 선택할 필요는 없다고 생각한다. 나는 별도의 특별한 공부 없이 미국에서 토플 시험 2번 보았고 GRE 시험을 GRE 오피셜 가이드 북으로 2개월 여를 공부한 후에 미국에서 1회의 시험만 봤을 뿐이다. 비록 한국에 많이 알려진 학교는 아니지만, 상위 50위 안에 드는 나에게는 과분한 좋은 대학원에 진학을 했다. 내가 느끼기에 적어도 IT 업계의 미국 직장에서는 한국 회사들처럼 학교를 많이 따지지 않는다. 개인적인 경험이기는 하지만, 어느 대학을 나왔든 간에 충분히 기회는 주어지고, 면접 볼 때도 일할 때도 전혀 학교를 묻지 않는다. 또한, 요즘은 미국 대형 IT 기업들이 한국에서 직접 취업 설명회를 열고 채용도 직접 하기 때문에 굳이 미국 대학원을 가지 않아도 미국에서 취업을 원한다면, 길은 얼마든지 있다고 들었다. 나는 주변에서 서울에서 열린 아마존 커리어페어(취업 행사)를 통해 아마존 본사 혹은 아마존 해외 지사(비자문제 때문에)에 갔다가 주재원 비자(L비자)로 미국의 본사로 오신 분들을 몇몇 보았다. 그리고 이런 커리어페어를 통하지 않더라도 영어로 링크드인 프로파일을 작성하여 해외 리크루터들에게 노출시키는 것도 분명히 미국의 IT 기업으로 취업할 수 있는 기회를 높이는 방법일 것이다. 하지만, 미국에서 학위를 취득(학사나 석사 또는 박사)하는 것이 미국에서 취업하기만을 놓고 보자면 기회가 더 많은 것은 사실이다. 개인적으로는 미국 석사 학위를 취득하는 것이 제일 좋은 방법이라고 생각한다. 그 이유는, 단지 졸업 후, OPT로 취업할 수 있는 신분을 얻는 것뿐만 아니라,

석사과정 2년(1년 과정을 제공하는 학교도 있다) 동안 미국 생활에 적응하고, 같은 과의 친구들(미래의 직장 동료들)과 교류도 하고, 영어도 연습할 수 있는 기회를 얻을 수 있기 때문이다. 학교에서의 2년이란 시간은 향후 미국 생활을 위한 적응과 완충의 기간이 된다. 여기에 더하여, 미국에서 바탕이 되는 네트워크가 생기는 것이 아주 훌륭한 매력적인 장점이다. 불행인지 다행인지 몰라도, 같은 학교를 나왔다고 하더라도 우리나라처럼 선·후배 간의 끈끈한 문화는 없다. 하지만 선·후배 간에 미국에서 구직과 이직 시 큰 역할을 하는 추천인 역할은 충분히 해줄 수 있다. 미국에서 하는 '추천'은 한국에서 하는 '청탁'이랑 다른 개념으로, '이 사람의 역량이 어찌 되었건 반드시 이 사람을 고용하라.'가 아니라, '내가 이 사람과 일해 봤더니 괜찮았는데, 그 팀에서 필요한 인재상이라고 생각이 된다면 면접을 한번 봐보라.'라는 것이다. 당연히 결정권은 고용하는 측에 전적으로 있는 것이다. 즉, 추천을 해줘도 고용하는 쪽에서 추천받은 사람과 면접을 진행하지 않을 수도 있다. 그러니 미국에서는 누군가에게 추천서를 받았다고 해서 당연히 뽑힐 거라고 너무 자만해서는 안 된다. 단지 면접 볼 기회가 좀 더 높아졌다라고 생각하면 된다. 미국의 고용 시장은 항상 상시 채용이다. 링크드인에 올라온 채용공고 중에, 한 명 뽑는데 지원한 애플리케이션 수가 1,000개가 넘는 경우도 봤다. 이렇게 추천을 통한 고용방식은 회사의 하이어링 매니저와 리크루터들에게는 어찌 보면 효율적이고 현실적인 고용 방법인 것이다.

대학원 졸업 후 나의 미국에서 첫 직장은 한국 회사의 미국 지사였다. 아니 미국에 본사를 두고 있지만 한국에서 비즈니스를 하는 회사라고 표현하는 게 맞을지도 모르겠다. 회사의 아이덴티티를 떠나 어찌 되었건, 한국 지사에서 미국 지사로 출장 오신 분들이 꽤 이었고, 같은 나라의 말을 할 수 있기에 업무시간 이후에도 잘 어울렸다. 미국으로 출장 오신 분들이 다들 소프트웨어 엔지니어여서 그런지, 미국의 큰 IT 기업, 소위 말하는, FAANG(Facebook-현재 Meta, Apple, Amazon, Netflix, Google)과 같은 기업에 취업하고 싶어 하신 분들이 상당수 계셨다. 하지만 이런저런 이유로 대부분 도전을 망설였다. 이것이 내가 이 책을 출판하려는 동기 중에 한 가지이기도 하다.

미국 취업 준비 중 제일 중요하고 선행되어야 하는 것이 미국에서 일할 신분을 만드는 것인데, 대략적으로 OPT, 취업 비자, 주재원 비자, 영주권 비자 등이 있다. 많은 분들이 미국에서 일할 수 있는 신분을 만들기 위한 현실적인 방법들 중에서 내가 택했고, 많은 사람들이 선택한 대학원 입학 준비(토플, GRE 학원 다니기 등)를 회사 업무와 병행하기를 버거워하셔서 안타깝게도, 생각만 하시고, 끝끝내 도전을 하지 못하고 계시는 분도 있었다. 또 다른 경우는 아이비리그와 같은 탑 스쿨을 가고 싶어서, 대학원 준비에 매진하기 위해, 현재 다니는 회사의 퇴사를 심각하게 고민하는 분도 있었다. 어떤 분들은 유학 시 비싼 학비와 생활비 걱정 때문에 도전을 망설이고 계셨다. 나는 운이 좋게 석사과정 학생임에도 불구하고 학교에서 생활비와 학비지원(일반적으로 학교는 석사과정의 학생보다는 박사과정의 학생들에게 펀딩을 지원해 준다)을 받을 수 있었는데 이 책의 뒷부분에 내가 어떤 시도를 했고, 어느 정도의 펀딩을 받았는지 공유해 보겠다. 언젠가 기회가 생겨서 나의 경험을 토대로, 미국 대학원 진학을 준비하는 분들에게 실리콘밸리 근처 대학의 교수님들을 만나보라고 여러 번 권유했지만, 내가 예전에 그랬듯이 다들 회의적이었다. 내가 아는 방법 중 현재 직장을 다니고 있는 분들에게는 지원하고 싶은 대학의 교수님들을 직접 찾아가 본인을 어필해 보는 것도 좋은 방법인데 그 가치를 잘 모르는 것 같아 아쉬웠다. 한 가지 팁을 더 말하면, 실리콘밸리에 취업을 하고 싶은 사람들은 실리콘밸리 근처 학교에 다니면 좋다. 실리콘밸리 근처에 위치한 학교는 지역적으로 가깝기 때문에 실리콘밸리 회사들에 대한 소식이 빠를 뿐만이 아니라, 크고 작은 IT 회사들이 지역사회 위주로 많은 취업 설명회를 연다. 실리콘밸리에는 우리가 모두 아는 대기업만 있는 것이 아니라, 기업 가치가 10억 불 이상 나가는 유니콘 기업, 큰 투자 유치에 성공한 혁신적인 애플리케이션을 개발하는 미래에 구글이 될, 스타트업들도 많이 있다. 회사 규모에 따라서 복지나 급여가 많이 차이 나는 것은 아니다. 실리콘밸리의 비슷한 레벨의 소프트웨어 엔지니어들은 보통 비슷한 수준의 급여를 받는다(여기에서 보너스와 주식에 대한 이야기는 논외로 하겠다). 따라서, 어떤 회사이든, 본인이 원하는 회사가 있다면, 그 회사에서 인턴십을 하는 게 제일 좋고, 그것이 어렵다면, 자원봉사를 구해보는 것도 추천한다. 중요한 것은 그 회사와 나의 연결고리를 만드는 것이다. 물론 실리콘밸리 인근에 있는 학교 중 한국에서도 널리 알려진 UC Berkley 혹은 Stanford를 가면 당연히 더 좋다. 이런 좋은 학교들을 졸업하면 당연히 취업도 더 잘되고, 꿈꾸는 밝은 미래를 만들어 가기에 좀 더 수월하다. 하지만, 탑 스쿨이 아니더라도, 한국에 알려지지 않은 대학을 나와도, 충분히 실리콘밸리에서 일할 수 있다. 오히려 실리콘밸리에서 일하는 엔지니어들은 화려한 학교 배경이 없는 경우가 더 많다. 그러니, 미국에 취업을 하기 위해서 내가 현재 다니는 회사를 퇴사하고 미국 대학원 준비를 한다거나, 황금 같은 주말에도 하루 종일 비싼 학원에 굳이 다니지 않아도 된다. 내가 현재 할 수 있는 능력보다 더 많은 노력이 요구되는 것 같아서, 미국 유학을 도전하기 어려워 그저 생각만 하고, 망설이고 있는 분이 있다면, 이렇게 말하고 싶다. 미국 내 IT 인력은 아직도 많이 부족한 상태이다. 미국은 넓고 학교도 많고, 일자리도 아직 많다.

CHAPTER 2

대학원 생활 살아남기

어렵게 들어간 대학원에서
눈물겹도록 악착같은 생존기

나와 장두 씨는 우여곡절 끝에 받은 나의 대학원 입학 허가 통지서를 보고 마치 세상을 다 가진 것처럼 기뻤다. 그도 그럴 것이 대학원 합격 통지는 우리가 미국에서 이루어 낸 첫 성공이었다. 해 보니까 되는 거였다(Just Try It). 그렇게 별다른 준비 없이 대학원 입학 첫날까지 하루하루 행복하게 보냈다. 그동안 마음고생도 적지 않게 한 터라 그냥 한 번의 성취에 안주하고 싶었다. 한편으로는 나름 어렵게 들어간 대학원에서 다시 학생신분으로 돌아가 타지에서 외국의 어린 친구들과 경쟁하는 것이 쉽지 않을 것이 자명하므로, 쉴 수 있을 때, 대학원 입학 준비로 소모된 내 자신을 재충전 해야 한다고 생각했다. 뒤돌아보니, 이것은 아주 잘한 일이었다. 나의 예상은 적중했고, 나의 대학원 생활은 완.전.히 상상 그 이상으로 어려웠다. 단순히 학업만이 어려운 것은 아니었다. 지금 나의 대학원 생활을 돌아보고 몇 가지 원인을 추려보았다.

첫째, 대학원 생활의 부적응. 다시 학생신분으로 돌아간 학교생활이 낯설었고, 무엇보다 눈빛만 봐도 통하는 친구를 만들기 어려웠다.

둘째, 영어! 특히, 내 세대의 아줌마, 아저씨들에게는 영어는 그냥 열심히만 한다고 극복할 수 있는 장애물이 아니다.

셋째, 공부가 제일 어려웠다. 1996년 공부가 제일 쉬웠다던 장승수 씨, 지금 어떻게 지내고 있나요? 여전히 공부가 제일 쉬운가요? (미안해요, 당신의 책을 읽진 않았지만, 제목은 기억해요) 나는 공부가 제일 어렵고 피하고만 싶었다.

학생으로 돌아간 대학원 생활의 부적응

부족한 나의 영어 실력 때문에, 나는 주로 한국에서 먼저 유학 온 선배님들과 어울리려고만 했다. 다른 나라에서 온 유학생과 영어로 이야기하는 것보다 대화 상대가 누가 되었든 한국어로 이야기하는 것이 백배 천배 더 편했다. 그리고 대학 졸업 후 회사에서 보낸 십수 년이 넘은 기간은 내가 학생 때 어떤 자세로 어떤 생각을 갖고 학교 생활을 했는지 까맣게 잊게 만들기 충분히 긴 시간이었다. 또한, 그 기간은 회사 생활에 맞는 새로운 가치관과 직장인으로서 생활 방식을 나에게 정착시키는데 부족하지 않은 시간이었다. 이 근본적인 가치관의 차이는 교수님과의 대화에서나, 나와 비슷한 또래의 석·박사 선배님들과의 대화에서도 항상 어색한 웃음 뒤에 찜찜하게 계속 맴돌고 있었다. 일일이 예를 들어 설명하기는 어렵지만, 개인적인 경험에 바탕을 두고 이야기하면, 어떤 문제를 대할 때, 학자로서 바라보는 시각과 실무자로서 바라보는 시각의 차이는 분명히 존재하고, 이 차이는 어떤 문제에 접근하는 첫걸음부터 서서히 나타나기 시작해, 그 문제를 해결하는 과정에서 점점 극대화되었다. 한마디로 말하면, 같은 문제에 대해서 서로 다른 곳을 보고 각자 자신이 맞다고 생각하는 것을 이야기하는 꼴이니, 서로 답답하기만 하고, 대화가 잘되지 않았다. 이것은 상대방이 나를 무시하고 내가 상대방을 무시하는 것이 아니라, 각자 자신이 믿는 가치관을 바탕으로 도와주려고 하는데 근본적인 시각 차이로 어쩔 수 없이 어긋나게 되는 것이었다. 우리가 잘 아는 이솝우화 여우와 두루미의 이야기라고 생각하면 된다.

이런 생각의 차이는 일상생활의 짧은 대화 속에서도 빈번히 일어났다. 이것은 아주 사소한 듯 보였지만, 중요한 문제였다. 더욱이, 사람의 가치관은 쉽게 변하기 어렵기 때문에 무엇이 문제인지는 알고 있었지만, 고쳐보겠다고 마음을 먹는다고 해서 단번에 해결될 문제는 아니었다. 그렇다고 상대방을 비난할 문제는 더더욱 아니었다. 학교밖에 없는 작은 시골 도시에서 나와 비슷한 처지에 있는 한국에서 유학 온 학생들이 많지 않았고, 나와 수업을 함께 들을 수 있는 학생들은 더 적었다. 그러니, 숙제나 과제가 무엇인지 자유롭게 토론할 수 있는 마음이 맞는 편한 한국 학생을 찾는 것은 하늘의 별 따기와 같았다. 처음에는 이런 상황이 많이 괴로웠지만, 이게 다, 내가 영어가 안되어서, 외국 학생들과 자유롭게 소통할 수 있는 자신감이 없어서 생기는 일이라 어쩔 수 없으니 받아들이기로 했다. 좀 더 설명을 하자면, 여기 컴싸학과로 한국에서 온 유학생이 없었다는 말은 아니다. 한국에서 유학 온 석·박사생이 과에 적지 않게 있었지만, 다들 박사과정에 있거나 이미 내가 들어야 할 수업을 들어서 나와 같이 수업을 들을 수 있는 학생이 없었다. 그리고, 그들도 그들의 꿈을 이루기 위해 열심히 바쁘게 살고 있었다. 내가 입학하고 난 후 일 년 뒤에 3, 4명의 한국 학생들이 우리 과에 동시에 입학했다는 이야기를 들었을 때 힘든 유학 생활을 서로 의지하며 대학원 생활을 같이하게 될 그들이 부러웠다. 이제 와서 곰곰이 되돌아보니, 나보다 먼저 대학원 생활을 시작한 선배님들과 공통점을 찾기 어려워 가슴앓이를 하며 홀로 힘들어했던 기억도 많았는데, 아무래도 나의 대학원 생활 부적응은 내가 새로운 환경에 잘 적응하지 못해서, 한껏 낮아진 나의 자존감에 근본적인 원인이 있었던 것 같다. 대차게 대학원 문을 열고

JUST TRY IT
해보니 되는구나

들어갔던 이 늦깎이 아줌마의 대학원 생활은 밝히고 싶지 않을 정도로 홀로 외롭고 처절하였다.

만약 이 글을 읽는 독자 중에, 유학을 준비하고 있는 분이 있다면, 당당히 영어 is 뭔들, 나이 is 뭔들, 혼자 is 뭔들, so what? 과 같은 정신수양도 그 준비과정에 넣었으면 좋겠다. 어쩌면 이것이 제일 중요한 것일지 모른다. 그리고, 자기 자신한테는 전혀 문제가 없으니, 아줌마 정신이 부족했던 이 아줌마처럼 위축되지 말고 대학원 기간 동안 할 수 있는 한 많은 것을 경험하기 바란다. 만약에 굳게 먹은 마음과 달리 이 아줌마처럼 힘든 시간을 보낸다고 해도 너무 걱정하지 않아도 된다. 어찌 되었건 간에 석사학위를 따려는 2년이란 시간은 길어 보여도 그 끝은 있다(박사과정은 5~7년이나 되어 석사과정보다 더 힘들 것이다). 외로워도 슬퍼도 본인만의 북극성을 따라 계속 걷는다면, 결국 이기는 사람은 자신이다. 다른 사람을 이기는 것이 아니라 자기가 자기 자신을 이기는 것이다. 이 아줌마도 무슨 부귀영화를 누린다고 이 고생을 사서 하냐고 남몰래 가슴을 치며 후회한 적이 많았다. 더 이상 일하고 싶지 않다는 사람을 꼬드겨서, 실리콘밸리에 취업만 하면 우리 가정의 행복이 보장되므로, 반드시 대학원을 가야 한다고 끈질기게 설득했던 '장두' 씨가 미웠던 날들도 많았다. 육아 휴직이 끝나갈 무렵(대학원 준비 중), 한국에 돌아가 다니던 회사로 복귀한다고 했을 때, 당장 그만두라고 호기롭게 말하던 '장두' 씨에게 화도 많이 났었다. 본인도 하기 싫어했으면서, 일부러 나를 이런 힘든 상황에 빠뜨린 것만 같았다. 하지만, 많은 밤을 눈물로 지새며 '장두' 씨를 원망하여도 내 상황은 좀처럼 나아지지 않았다. 결국엔 아무리 강요를 하여도, 독립운동가처럼 목숨을 걸고 투쟁하지 못했던 건 나였고, 퇴사와 대학원 입학 모두 최종적으로 내가 결정한 일이었다고 받아들인 후에야 점차 마음의 안정을 찾을 수 있었다. 어차피 시작한 거, 미래에 나의 사랑하는 딸들에게 당당하게 이야기하기 위해 중도에 포기하지 않기로 다짐했다. 처음 대학원에 입학했을 때 품었던 목표를 이루기 위해 힘들 때는 푹 쉬어가며 대학원을 졸업할 때까지 최선을 다해 참으로 애썼다. 아니 용을 썼다. 이렇게 나의 대학원 생활은 공허한 원망과 처절한 용씀의 무한 반복이었다.

어정쩡한 거리에 있는 타인이 나를 이해해 주지 않는 것 같아 너무 외로워서 정작 내가 가야 할 길을 잃고 헤매는 것은 인생을 살면서 흔하게 일어난다. 그럴 수 있다. 다만 너무 길게 헤매지는 말자. 나중에 돌아보면 그렇게 흘려보냈던 시간이 아깝고, 별로 중요하지 않은 문제에 나의 감정을 불필요하게 소모한 자신에게 '그땐 내가 왜 그랬는지 모르겠어.'라며 멋쩍어했던 경험은 누구나 있을 것이다. 늦깎이 경력 단절 아줌마가 대학원 생활을 하면서 배운 것 중 가장 중요한 것은, 세상과 주변이 나를 힘들게 하여도, 그 세상과 주변에서 보내는 나를 주눅 들게 만드는 모든 부정적인 시그널을 차단하고, 나에게 현재 제일 중요한 것들에만 주목해야 한다는 것이다. 당연히 쉬고 싶을 땐 쉬면서 말이다. 그러면 나도 모르게 어느 사이에 시간은 지나가 있고, 그 끝에는 그토록 원했던 것을 손에 쥐고 있는 자신을 발견하게 된다는 것이다. 그때 활짝 웃어주고 싶다면, 웃으면 된다.

영어 내려놓기

나의 한 많은 영어에 대해 썰을 풀기 전에, 내가 들었던 대학원 수업에 대해 묘사해 보겠다. 먼저 수업의 형태는 학교마다 다를 수 있다. 내가 들었던 수업의 경우, 필수 과목일 경우(학과의 세부 전공이 다양하기 때문에, 모두 다 전공과목이라고 해도 졸업을 위한 필수 과목과 선택과목으로 나뉜다) 한 반에 적어도 50명도 넘는 학생들이 같이 수강하였다. 덕분에 대학원 수업은 십수 년 전, 내가 대학교 다닐 때 들었던 수업방식과 똑같은 방식으로 진행되었다. 같이 대학원 수업을 들었던 학생들의 인종 간 분포를 대략적으로 살펴보면, 거의 한 70% 정도는 인도에서 유학 온 학생들이었고, 20%는 중국에서 유학 온 학생들이었다. 그저 단지 10% 정도만이 그 외 지역인 유럽, 미국, 한국 등에서 유학 온 학생들이라고 해도 과언이 아니었다. 대학원 수업에서는 미국임에도 불구하고 좀처럼 미국 태생인 미국인 학생을 만나기 어려웠다(그러나 학부생은 거의 미국인이다). 나중에 알게 된 사실이지만, 컴퓨터학과의 경우 미국사람들은 굳이 대학원

을 다니지 않아도 대학 졸업 후 취업이 잘되니 대학교 교수 혹은
연구가 장래희망이 아닌 이상 대학원을 다닐 필요성을 느끼지 않
는다고 한다. 영어에 능숙한 인도 학생들과 어디서든 서슴없이 자
신의 모국어로 말하는 중국 학생들의 양대 산맥 속에서 한국 학생
은 마이너 중의 마이너였다. 만약 드라마에서처럼 수업에 한 5~10
명만 모아놓고 자유로이 의견 교환을 하는 토론식으로 수업이 진
행되었다면, 정말 아찔하다. 나의 대학원 생활은 SHIT(나름 유학파의
표현)이었을 것이다. 왜냐하면, '영어'라는 장벽을 넘는 방법을 전혀
몰랐다. 내가 생각하기에 될 것 같은 방법으로 열심히 노력해 봤지
만, 결국 넘을 수 없었다. 다소 충격적일 수 있는 사실은 미국의 공
과대학원에선 우리에게 익숙한 어학 강좌나 녹음파일에서 들을 수
있는 영어 악센트를 구사하는 사람들을 만나기 어렵다. 그런 사람
들은 아마도 한국 강남의 어학원에서 만나기 더 쉬울 것이다.

유학생들은 각자의 나라에서 제2외국어로 배운 영어로 서로에
게 어설픈 영어를 구사한다. 대부분의 인도 학생들은 자국의 학교
에서 영어를 사용하기 때문에 강한 악센트가 있기는 하지만 빠르
게 영어로 말할 수 있고 보통 빠르게 말한다. 그 외 다른 나라에서
온 학생들도 각 나라별 독특한 악센트가 있는 영어를 말한다. 나
의 영어 실력은 어학 파일에서 나오는 완벽한 발음의 스탠다드 영
어를 겨우 알아듣는 정도였다. 한마디로, 나의 영어 회화 실력은,
영어로 의사소통하는 것이라기보다는 그저 상냥한 미소를 머금고

JUST TRY IT
해보니 되는구나

눈치껏 짧은 대답을 하는 거였다. 다 커서 유학 나오면 안다. 아주 간단해 보이는 "수와쥬앙님 뇨빠요."라도 말할 수 있는 블랑카는 한국말을 잘하는 것이다. 한국인의 피가 흘러서 그런지, 한국인이 구사하는 영어는 한국식 악센트에 다소 발음이 부정확하더라도 신기하게 잘 알아들을 수 있었다. 미국 생활을 하면 생기는 언어 관련된 신기한 능력은 또 있다. 그것은 한국어에 대한 애착이 날로 강해져 고수의 경지에 오르게 된다. 조금 과장해서 말하면, 내 주변에서 영어로 크게 말하고 있거나, 가까운 곳에서 말하는 영어는 잘 안 들리는데, 저 멀리 반대편에서 아주 작게 말하는 한국어는 또박또박 잘 들리게 되었다. 도대체 내가 소머즈란 말인가(소머즈를 모른다면, 당신은 젊군요)? 가끔 보면 인간의 능력은 상황에 따라 딱히 한계가 정해져 있는 것 같지 않다. 다시 영어 이야기로 돌아와 솔직히 까놓고 말해서, 나의 영어 실력은 학교 앞 맥도날드(맥드아날드)에서 정확히 내가 주문한 것을 먹는 데 몇 개월이 걸렸다. 제대로 항의도 못 하고, 시키지도 않은 원치 않는 팬케이크를 한동안 꾸역꾸역 먹었었다. 농담이 아니다. 실제 일어났던 일이고, 다행이라고 해야 하는지 모르겠지만, 나한테만 일어났던 일도 아니었다. 많은 사람들이 매일 가는 식당에서 간단한 식사 주문조차 어렵게 생각했다. 이렇듯 나에게 영어는 매일 매일 작은 일상생활을 해나가는 데 큰 도전이었고 걸림돌이었다. 그래서 그런지, 항상 주눅이 들어 있었다.

지금 생각해 보면 너무나도 아쉬운 일이지만, 나는 영어를 잘하지 못해서, 아니 잘하지 못한다고 생각해서, 내 자신에게 스스로 한계를 정했다. 그래서, 같은 과의 다른 나라에서 온 학생들과 많이 교류를 하지 못했다. 여러분들은 물론 어렵겠지만, 제발 나와 같은 실수를 범하지 않았으면 좋겠다. 적어도 여러분들이 공과대 대학원생이라면 여러분의 영어가 어떤 레벨이든지 자신감을 가져도 된다. 앞에서 말했듯이 공과대학원에는 대부분이 제2외국어로서 영어를 배운 학생들이고, 원어민은 극소수이다. 영어를 모국어로 사용하는 교수님들도 찾기 힘들다. 영어를 빠르게 말할 수 있든 없든 간에, 제2외국어로서 영어를 배운 사람들은 모두 어느 정도 영어에 대해 콤플렉스가 있다. 한국 사람들은 유독 이 영어에 대해 콤플렉스가 더 큰 것 같다. 그러니 못 알아들어서 다시 말해달라고 하거나, 천천히 말을 해달라고 해도, 상대방도 원어민처럼 영어를 구사하는 것이 아니기 때문에 영어에 대해서는 서로의 처지를 잘 이해한다. 또한, 미국 학생들도 영어가 자신들의 모국어임에도 불구하고, 외국에서 온 학생들이 구사하는 broken English가 맞고 자기들이 구사하는 모국어로서의 영어가 틀린 건가? 하고 종종 헷갈려 하곤 한다. 영화와 다르게 현실에서는 17:1로 싸우면 17명 쪽이 이긴다. 그러니 영어가 아무리 힘들게 하여도 용기를 내자.

　　내가 말하는 영어 내려놓기는 영어 때문에 스트레스받는 미국 생활에 한 줄기 빛이었고, 외국인들과 의사소통을 가능하게 해준

JUST TRY IT
해보니 되는구나

방법이었다. 내가 영어를 특히 더 말할 수 없었던 이유는, 나는 완벽한 영어를 말하려 했기 때문이었다. 앞서 이미 말해버린 문장의 동시다발적 실수들, 예를 들어 아! 3인칭인데, 복수인데 s를 안 붙였네, a였나? an인데 등, 아 과거완료인데… 등 이런 실수들이 다음 문장을 말하려고 하는 나의 머릿속에 계속 맴돌았다. 이런 실수의 되새김질은 다음 말해야 하는 문장을 생각하지 못하게 했다. 더욱이, 누가 뭐라고 하지도 않았는데도 나의 부정적인 자아는, 틀린 문장을 말하는 나 자신을 아주 수치스럽고, 부끄럽다고 생각했다. 이런 일련의 감정변화들은 당연히 전반적인 나의 행동에도 영향을 미쳤고, 결국엔, 영어 말하기를 영어로 옹알이하기로 바꿔버렸다. 아무리 한국어로 옹알이를 잘한다고 해도, 그 옹알이를 하는 사람의 어머니들만 옹알이를 알아들을 수 있을 것이다. 절대로 제대로 된 의사소통을 할 수 없었고, 본능적으로 영어로 대화 하는 것을 피하다 보니, 영어로 말을 할 수 있는 기회는 점점 줄었다. 한마디로 악순환이었다. 그러나 영어를 내려놓기 시작하면서 변화가 일어났다. 내가 외국 학생들에게 영어를 말하는 제1의 목적은 의사소통에 있지 나의 영어 실력을 뽐내려는 것이 아니다라는 것을 받아들이면서부터였다. 물론 영어로 간략하고 정확하게 내 의사를 전달할 수 있다면, 의사소통을 효율적으로 할 수 있었을 것이다. 하지만, 내 수준에서는 내가 의사소통보다 영어에 더 신경을 쓰면 쓸수록, 의사소통은 엉망이 되기 일쑤였다. 내가 영어를 잘 못하는 것을 인정하고, 의사소통에만 오로지 초점을 맞추게 되면서, 적어도 의사소통을 효과적으로 할 수 있었다. 내 안의 부정적인 자아로부터 벗어나, 쓸모없는 감정의 회오리로부터 자유로워지면, 정신도 건강해지고, 영어로 의사소통도 할 수 있게 되었다.

나를 가장 괴롭혔던 사람은 부정적인 눈빛과 냉소적인 말을 쏘아대는 타인보다 그 부정과 그 냉소를 곧이곧대로 받아들이고 그것을 증폭시키고 과장시켜 다시 나에게 되뇌는 내 안의 부정적인 자아였다. 믿기지 않겠지만, 내가 외부의 부정적인 시그널을 다시 나에게 주입하는 것을 멈추면, 신기하게도 나를 옥죄었던 그 부정적인 힘은 마법처럼 즉시 연기처럼 사라진다. 그러니 영어는 좀 뻔뻔하게 시도해 보자.

수업이 어려워진 건지 내가 못나진 건지

이왕 하기로 한 거 제대로 학문에 정진하고 싶었다. 대학생 때 한 학기에 보통 17~18학점을 들었었는데, 대학원은 고작 한 학기에 3과목 총 9학점만 듣는다고 하니, 충분히 대학생활의 낭만을 아는 선량한 한량이 될 수 있을 것 같았다. 하나 이것은 나의 오만과 교만이었다. 3과목 모두 전공과목이었는데, 전공과목 9학점은 전혀 만만한 것이 아니었다. 다들 대학원 첫 학기에는 피하는 게 좋다는 숙제가 많고 어렵기로 정평이 난 수업을 수업시간표를 최적화(컴퓨터학과에서 늘 강조하는)를 위해 주변의 만류에도 불구하고 무서

JUST TRY IT
해보니 되는구나

운 줄 모르고 떡하니 수강신청을 하고 말았다. 인간은 왜 어른들의 말씀과 선배님들의 말씀은 언제나 진리라는 것을 항상 개고생하고 난 뒤에 깨닫게 되는 것일까? 대학원 첫 학기는 영어를 포함해서 낯선 미국에서의 새로운 생활에 자신을 적응시키는 과목인, 성적표에 나오지 않는 112((하루 24시간 – 취침 8시간) * 7)학점짜리 수업도 추가해야 한다. 그래서 상대적으로 좀 쉽고 과제가 적은 과목들을 위주로 수강하는 것을 많은 사람들이 추천한다. 하지만, 이제는 용어조차 까맣게 잊어버려 생소해진 전공과목인데 조금 쉽다고 해봤자 나에게는 거기서 거기라는 안일한 생각으로, 모두가 첫 학기에는 기피하라는 과목을 겁 없이 덜컥 수강신청 했다. 그 과목 중 하나는 알고리즘인데 매주 쏟아지는 증명 숙제에 많은 학생들이 비명을 지르는 과목이었다.

더욱이 나는 첫 학기에 교수님께서 가르치는 학부 과목의 Grader (조교의 보조로 숙제와 시험을 채점하고 학교에서 소정의 지원을 받는 근로장학생)였다. 그 학부 과목이 필수 과목이다 보니, 그때 수강생들이 징글징글하게도 80여 명이나 되었고, 내가 듣는 알고리즘 과목처럼 숙제도 많았다. 덕분에 Grader인 나도 일일이 80여 명이 낸 숙제를 기간 내 채점하고 그 결과를 시스템에 하나씩 입력하는 일은 거의 죽음과 같았다. 일반적으로 Grader들은 오피스아워(교수님이나 조교들이 혹시나 찾아올 학생들을 위해서 자신들의 연구실에서 자리를 지키기로 약속된 시간)가 없고, 학생들을 따로 만나는 일도 없다. Grader는 겉절이고, 조교들이 학생들을 상대한다. 나는 어쩌다 보니 일주일에 2번씩 오피스아워가 있었다. 이 오피스아워 동안 한두 명이었지만 학부생들이 찾아와서 채점에 대한 살벌한 이의와 1점이라도 얻기 위한 달콤한 아부도 했다. 대부분의 학부생은 대학원생과 달리 미국인이었기 때문에, 나를 찾아왔던 학부생들은 당연히 영어를 잘했다. 처음엔 이 영어 때문에 오피스아워가 공포 그 자체였다. 그런데 나중에는 공짜 원어민 영어 회화라고 생각하니 일부러 논쟁을 걸며 즐겨보기로 했다. 영어도 훨씬 못하는 별것도 아닌 내가 칼자루를 쥐고 있다고 생각하니 크게 두려울 게 없었다.

학기 중에는 학점이야 어찌 되었건, 제발 학기가 끝나길 바랐다. 끝끝내 알고리즘은 B를 맞았다. 내 대학교 성적표에 하도 C와 D가 많아서, B 정도면, 상당히 잘한 거라고 내심 만족했다. 이럴 수가! 대학원의 학점은 C나 D는 없고, A나 B밖에 없다고 한다. 결국 나는 다시 한번 더 공부는 나와 맞지 않는다는 것을 확인했다. 안 되는 인연은 끝까지 안 되는 것이다. 10번 찍어도 안 넘어갈 것 같은 나무를 만나면, 그 나무를 10번 찍을 시간에 다른 나무를 알아보는 것도 현명한 일이다. 나는 구글 검색엔진과 스택오버플로우(stackoverflow.com)의 도움으로 가까스로 대학원을 졸업했다. 누군가 나에게 10억을 줄 테니 다시 대학원을 다니라고 한다면, 나는 결코 다시는 돌아가지 않을 것이다. 나는 자신 있게 말할 수 있는데, 만일 내가 미국에서 대학원을 다닐 때처럼 고등학교 때 공부를 했었다면, 나는 분명히 서울대에 갈 수 있을 것이다. 그것도 수석으로. 그렇다고 다시 수능을 보지 않을 것이다. 예전에도 지금도 공부는 늘 어렵다.

미국에서 스트레스 받지 않고
영어 실력 쌓기

◇

영어를 내려놓고 의사소통에 초점을 맞추어 대학원 생활을 하면서도, 나는 꾸준히 영어 능력을 향상시키기 위해 다방면으로 노력했다. 나의 다양한 시도들이 혹시라도 여러분들의 영어 실력 증진에 작은 도움이라도 될까 싶어 여기에서 공유해 보려고 한다. 다만 한 가지 소심한 걱정은 이런 노력에도 불구하고, 현재 나의 영어 실력은 아직도 그리 유창하지 않다. 여전히 말도 더듬거리고, 100% 알아듣지 못한다. 따라서, 여기에 소개된 방법이 영어 실력의 향상을 보장하는 완벽한 방법이라는 것은 아니다. 그냥 어떤 사람에게는 알아두면 유익한 내용인 것 같아 공유해 보겠다. 영어 실력을 늘리고 싶은데, 다른 방법을 모르겠다면 내가 했던 방법을 시도해 보는 것도 나쁘지 않다(Just Try It).

늦깎이 아줌마의 영어공부 방법:

1. 영어회화 과외하기
2. 토스트마스터즈 참석하기
3. 지역사회와 교회에서 제공하는 프로그램 이용하기

JUST TRY IT
해보니 되는구나

영어 회화 과외하기

　　나의 영어에 대한 가장 큰 문제점은 말하기에 대한 두려움이었다. 그래서, 두려움 없이 영어에 자연스럽게 노출되기 위해, 미국인 영어 튜터를 고용하여 일주일에 2~3번, 한 번에 1시간씩 정기적으로 일대일 영어강습을 받았다. 나는 정보도 없었고, 주변 사람들과 교류도 딱히 없고 해서 Craigslist(www.craigslist.org)를 이용하여 영어 선생님을 찾았다. 기억에 주변에 젊은 친구들이 페이스북에 이런 정보를 공유하는 사이트도 있다고 했는데, 솔직히 신문물을 잘 모른다. Craigslist는 공짜로 광고를 올릴 수 있는 아주 간단한 기능만 있는 사이트로 온라인 벼룩시장과 비슷하다. 구인과 구직은 물론, 가구와 주방용품과 같은 중고 물건들, 장단기 렌트 광고 등을, 없는 거 빼고 다 광고할 수 있는 사이트다. 내가 유학을 했던 도시에서는 외국인 유학생들이 많다 보니 Craigslist에 영어 튜터에 대한 광고도 많았다. 이 사이트에서 찾는 대부분의 영어 선생님들은 빛나는 자격증과 더불어 학생들이 원하는 경험을 겸비하신 분들이었다. 비용은 대략 시간당 $30~50이었다. 선생님들이 제공하는 영어 수업의 가치에 따른 가격이었지만, 10여 년 전 배고픈 유학생에게는 조금 비싸게 느껴졌다. 어떻게 할까 잠시 고민을 했다. 내가 TESOL 등의 자격증과 토플이나 IELTS에 대한 경험(미국인들은 이런 시험을 칠 이유가 없다)이 있는 선생님을 원하는지에 대해 생각해 보았다. 그런데, 나에게는 당장 이런 대단한 이력을 가진 선생님이 굳이 필요가 없을 것 같았다. 아무리 찾아 봐도 사이트에 올라온 광고 중에는 나에게 경제적으로 부담이 없 는 가격을 제시하면서, 영어를 가르쳐 줄 선생님을 찾을 수가 없 었다. 그래서 반대로, 내가 원하는 영어 선생님에 대한 구인광고를 올려보기로 했다. 몇 가지 원하는 조건을 명확하게 나열하였다. 여 러 가지 조건들 중 제일 중요한 조건은 수업료였다. 시간당 $10. 광 고를 올리는 일이 많은 노력이 필요한 일도 아니었고, 무엇보다도 Craigslist에 광고를 올리는 것은 무료라서 그냥 한번 올려보았다 (Just Try It).

다른 영어 튜터 광고에 비해 수업료가 상당히 저렴했기 때문에 별다른 기대는 없었다. 그런데, 광고에 남겨둔 이메일로 누군가에 게 연락이 왔다. 그것도 2명. 나름대로 인사 검증을 위해 인터뷰를 보고 그중 한 명과 영어 수업을 진행해 보기로 했다. 영어 수업은 일주일에 3번, 한 번에 1시간씩 하기로 했다. 온라인에서 갑작스럽 게 성사된 만남이라, 약속된 시간에 나올지 긴가민가했지만, 수업 을 하기로 했으니, 설레는 맘으로 약속 장소로 나갔다. 이렇게 시 작된 영어 선생님과 나와의 관계는, 처음에는 영어 선생님과 학생 이었지만, 지금도 여전히 연락을 주고받는 소중한 친구 사이가 되 었다.

[사진3] 사립학교 교장 선생님으로 은퇴하신 영어 선생님인 자넷과 아이들

[사진4] 사립학교 교장 선생님으로 은퇴하신 영어 선생님이자 친구인 자넷과 저자

내가 만난 영어 선생님은 동네 사립학교 교장 선생님으로 일하시다가, 영어 과외를 시작하기 얼마 전에 일찍 은퇴를 하신 분이었다. 은퇴했다라고 해서 '호호 아줌마'라고 생각하면 안 된다. 은퇴 후에 사회에 공헌을 하고 싶어서 금전적인 보상에 크게 상관없이 본인이 할 수 있는 일을 찾던 찰나에 우연히 나의 구구절절한 사연이 있는 영어 선생님을 찾는 구인광고를 보게 된 것이었다. 내가 바로 선생님의 첫 학생이었다. 이 선생님은 영어도 잘 가르쳐 주셨지만, 나에게 영어만 가르친 것이 아니었다. 영어 수업을 시작한 지약 두 달 정도가 되었을 무렵, 그 선생님은 나에게 이렇게 말했다. "이제 너와 나는 친구가 되었으니, 더 이상 나에게 수업료를 지불

할 필요가 없다. 그러니 지불하지 말아라." '오잉! 뭐지? 내가 받는 수업에 비해 $10도 너무 작은 것 같아서 올려드리고 싶어도, 나의 경제 사정상 그럴 수 없어서 안타까운데, 이제는 아예 영어 수업료를 받지 않겠다고?' 처음 겪는 일이었고, 나에겐 신선한 충격이었다. '사회에 환원한다는 것이 이런 건가?' 멋있었다. 나도 언젠가 선생님이 아니 그 친구가 나한테 아무 조건 없이 보여준 행동을 따라 하고 싶다. 아니 꼭 따라 할 것이다. 미국이라는 나라에 사는 사람들은 참 다양하다. 이상한 사람, 무서운 사람도 많지만, 건실하고 본받을 만한 사람도 많다. 나는 운이 좋게도 내 인생의 본보기가 될 수 있는 사람을 유학 생활 초반에 만나게 되었다. 찌질하고 처참하게 이리저리 굴러다니다가 결국 패배자로 끝날 줄 알았던 나의 유학 생활에 그 영어 선생님은 나에게 큰 힘이 되어주었다. 그리고, 어떤 말보다 나에게 직접 보여준 행동은 내 맘속 깊은 곳에 강한 울림을 주었다. 그 뒤로도, 우리는 한참을 계속 만나며, 같이 소설책을 읽고, CNN을 보며 여러 가지 국제 정세에 관해 토론했다. 가수 김종국이 좋아한다는 Gold Gym(미국의 헬스클럽 체인)도 일 년여를 같이 다니며 매일 아침 9시에 만나 Zumba와 bootcamp도 함께 했다. 그 선생님은 아니 그 친구는 대학원 생활을 적응하지 못해 힘들어하던 나에게, 나의 인생을 나로서 빛나게 살 수 있도록 알게 모르게 많이 도와주었다.

세상의 모든 절실한 노력이 결실을 맺으면 좋겠지만, 가끔은 힘들게 맞지도 않는 옷을 입고, 눈은 울고 있어도 입은 옷이며 힘들게 노력한 일이라도 잘 안 풀릴 때가 있다. 이와 반대로, 행운으로 위장한 기회는 갑자기 스스로 찾아오기도 한다. 내가 큰 기대 없이 올렸던 영어 선생님 구인광고를 통해 평생을 함께할 소중한 인연을 운명처럼 만날 수 있었던 것처럼 말이다. 만약 내가 그 광고를 올리지 않았었더라면, 만약 그 영어 선생님이 그때 은퇴를 하지 않았었더라면, 그리고 만약 선생님이 사회에 재능 환원을 하려고 마음을 먹지 않았었더라면, 절대로 일어나지 않았을 일이다. 그러나, 세상에 어떤 일은 아주 희박한 확률에도 불구하고 너무나 자연스럽게 일어난다. 그냥 한번 툭! 해보는 것이 대부분 삶에서 아무 의미가 없는 시도가 될지라도, 그 무심한 한 번의 시도가 어떤 사람에게는 지름길로 가는 문을 활짝 열어주기도 한다. 이것은 반드시 모든 것에 무조건 한 번씩 시도를 해보라는 피곤한 이야기는 아니다. 그렇게 해야 한다면, 얼마나 스트레스받겠는가? 그저 방법이 없을 때, 혹은 뭘 해야 할지 모를 때, 자신이 생각하기에 의미 없어 보이는 방법이라도 한번 시도해 보라는 것이다. 해보면 기적처럼 되는 경우도 있으니까(Just Try It).

여기에서 한 가지 주의사항이 있는데, 요즘은 Craigslist에 예전 만큼 건전한 포스팅이 올라오지 않는 것 같다. Craigslist는 사람 과 사람을 연결을 시켜줄 뿐, Craigslist를 이용하는 사람에 대한 검증절차는 제공하지 않기 때문에 혹여 사기를 당할 위험성이 있 으니 조심해야 한다. 나도 최근에 Craigslist를 통해 이사 갈 아파 트를 찾다가, 어이없게도 5백만 원 정도 사기를 당할 뻔한 적이 있 었다. 다행히 돈을 보내기 전에 사기인 줄 알아차리고 빠져나왔기 망정이지, 하마터면 내 소중한 거금을 잃을 뻔하였다. 그러니 일단 돈부터 보내라고 하면 의심해 보고, 신중하게 확인해 봐야 한다.

토스트마스터즈 참석하기

대학원 생활 2년 동안 내가 꾸준히 참석했던 매우 유익한 모임이 있는데, 여러분도 시간이 허락한다면 이 모임에 참석해 보 라고 추천하고 싶다. 내가 영어를 잘하기 위해 나가기 시작한 이 모 임은 비단 영어뿐만이 아니라, 리더십도 배우고, 네트워크도 넓힐 수 있는 곳이었다. 이 모임은 바로 토스트마스터즈(ToastMasters)이 다. 한국에도 토스트마스터즈가 있다. 토스트마스터즈 공식 홈페 이지(www.toastmasters.org)에서 말하길, 토스트마스터즈는 청중 앞에 서 말하기 능력과 리더십 능력을 키우기 위한 교육 프로그램을 수 행하는 비영리 교육 단체로 143개의 국가에서 36만 명이 넘는 회원이 활동하고 있다고 한다. 토스트마스터즈의 공식 홈페이지에 모임에 대한 자세한 정보가 있으니 관심이 있다면, 한번 방문해 보기 바란다. 나는 처음에 영어로 사람들 앞에서 연설하는 것을 연습하기 위해 토스트마스터즈에 나가기 시작했다. 그런데, 모임에 참여하면 할수록 영어와 더불어 생각지도 못한 리더십 스킬도 향상시킬 수 있었다. 내가 다녔던 토스트마스터즈 모임은 매주 목요일 저녁 7시부터 9시까지 일주일에 한 번씩 열렸다. 반드시 매주 갈 필요는 없었고, 본인의 스케줄에 따라서 조정하면 된다. 이 아줌마와 같이 영어의 두려움에 압도되어, 영어로 의사소통이 불가능한 사람이라면 토스트마스터즈 모임에 나갈 것을 추천한다. 지금도 주변에 찾아보면, 여러 개의 토스트마스터즈 모임이 생각보다 가까운 곳에서 진행이 되고 있을 것이다. 이 중에 몇 군데 가보고, 제일 마음에 드는 곳, 혹은 자신과 잘 맞는 곳을 선택해서 꾸준히 나간다면, 반드시 영어 발표능력과 리더십을 얻을 것이라고 확신한다. 나는 두 군데 이상의 토스트마스터즈 모임에 꾸준히 나가는 사람들도 봤다. 나도 몇 번 같은 지역의 다른 토스트마스터즈 모임에 나가봤는데 솔직히 일주일에 2번은 나에게는 좀 무리였다. 어느 토스트마스터즈를 참석하건 토스트마스터즈는 전체적으로 비슷한 방식으로 진행된다. 그러나, 운영진과 회원들에 따라서 각각의 모임의 분위기가 다르고, 또한 발표 주제가 달라서, 같은 토스트마스터즈라도 새로운 모임 같았다.

공식 홈페이지에 자세히 나와 있기는 하지만, 영어로 되어 있기도 하고 해서, 내가 대학원 재학 중 2년여 동안 거의 매주 다녔던 경험을 토대로 토스트마스터즈가 도대체 무엇인지 대략적으로 설명해 보려고 한다. 처음에 토스트마스터즈의 회원이 되면, 2개의 책자가 우편으로 배송된다(이것은 2015~2016년도 얘기이며, 현재는 토스트마스터즈 시스템이 개발되어 온라인으로 받는 것 같다). 한 개는 10개의 발표 프로젝트가 있는 매뉴얼(Competent Communication Manual, CC manual)이고, 다른 하나는 리더십에 대한 매뉴얼(Competent Leader Manual, CL manual)이다. 여담이지만, 나는 competent란 단어를 여기서 배웠다. 토스트마스터즈는 회원들이 각자의 속도와 단계에 맞게 CC manual과 CL manual의 프로젝트를 하나씩 실행하게 하면서, 퍼블릭 스피킹과 리더십을 향상시킬 수 있도록 도와준다. 토스트마스터즈는 크게 3개의 부분으로 나뉜다. 준비된 연설(Prepared speech), 즉흥 연설(Table topics), 평가(Evaluation)이다. 운영진과 별개로, 매주 모임마다 전체 모임을 이끄는 마스터(ToastMaster of the day)가 있고, 각각의 소모임에는 그 소모임을 이끄는 리더와 참여자가 있다. '준비된 연설' 파트는 ToastMaster of the day가 해당 소모임의 리더가 된다. 예를 들면, ToastMaster of the day는 '불후의 명곡'에서 MC 신동엽처럼, 청중의 이목을 발표에 집중시키고, 발표자들을 소개하고, 발표가 끝난 후 다음 발표자를 소개하기 전에 분위기 전환을 위해 가벼운 이야기도 한다. 돌발 상황이 벌어지면 모임에 방해가 되지 않도록 부드럽게 주위를 환기시키기도 한다.

JUST TRY IT
해보니 되는구나

실전에서 빛이 나도록 잘하기 위해 토스트마스터즈에서는 마치 실전인 것처럼 리더십 연습을 할 수 있는 기회를 제공한다. 2~3명의 발표자(Prepared speaker)들은 리더가 이끄는 대로 자신들의 프로젝트에 맞춰 준비해 온 발표를 한다. 각 프로젝트의 목표와 준비과정은 토스트마스터즈에서 제공되는 매뉴얼에 상세히 기술되어 있다. 예를 들어, 시각화 영상 도움받기 프로젝트라면, 매뉴얼에서 추천된 시각화 영상 이용방법을 따라 하거나, 그게 마음이 안 들면, 자신이 생각하는 가장 좋은 방법으로, 시각화 영상을 이용하여 발표를 하면 된다. 주제는 자유이다. 보통은 5~7분 정도 길이의 발표를 한다. '즉흥 연설' 소모임도 비슷하다. Table topic master가 준비한 질문들에 대해서 1분에서 1분 30초 정도의 대답을 하면 된다. 질문은 Table topic master만 알고 있고, 대답할 사람이 정해진 후에 공개된다. 예상치 못한 상황을 대비해서 하는 발표 연습이다. 이것이 '즉흥 연설'을 재미있게 만든다. 내용을 모르더라도, 일단 정해진 시간에 맞추어 대답을 해야 한다. 이것에 어느 정도 숙달이 되면, 여유롭게 이전 발표자가 말했던 내용을 기억했다가 이어가기도 하고, TV 버라이어티 쇼에 나오는 예능인들처럼 한 방 터트리고 싶다는 욕망에 사로잡혀 무리수를 두다가 폭망하는 경우도 있다. '평가' 소모임도 General evaluator가 리더이며, 각각의 평가자들은 자신이 맡은 '준비된 연설'을 3분 내외로 평가하는 발표를 한다. 평가해야 할 항목은 평가자가 맡은 발표의 프로젝트 매뉴얼에 잘 나와 있다. 평가자들은 평가 항목을 토대로 전반적으로 발표자가 잘한 점과 아쉬운 점을 발표자에게 도움이 되도록 일목요연하게 말해야 한다. 이처럼 각 소모임별 성격이 완전히 다르고, 그에 따라 영어 실력과 리더십을 다각적으로 연습할 수 있다. 이것 외에 기타 역할로, '아'와 '음'과 같은 불필요한 단어를 세는 '아' counter와 발표 시간을 측정하는 Timer, 문법적 오류를 검증하는 Grammarian 등이 있다. 각 소모임이 끝날 때마다 해당 소모임의 최고의 발표자를 투표를 통해서 뽑고, 모임의 마지막에 각 부분의 최고의 발표자를 시상한다. 이것은 내가 가장 최근에 '준비된 연설'에서 받은 Best Speaker Award이다.

[사진5] 토스터마스터즈에서 수상한 저자의 최근 Best Speaker Award

모임마다 약간씩 세부적인 부분은 다를 수 있지만 전체적인 소모임들의 구성은 동일하다고 생각하면 된다.

JUST TRY IT
해보니 되는구나

토스트마스터즈는 학교와 같이 선생님으로부터 연설과 리더십을 배우는 곳이 아니라 회원들이 주축이 되어 자신의 능력에 맞게 모임에서 역할을 수행하며 스스로 배우는 곳이다. 즉, 다른 사람과 비교하여 합격, 불합격의 점수가 매겨지는 것이 아니라, 각자의 프로젝트를 하며 받은 피드백에서 혹은 같은 역할을 하는 다른 회원을 거울삼아 배우는 곳이다. 토스트마스터즈는 이기기 위해 경쟁을 하는 곳이 아니고, 비판과 비난도 없이 안전하게 연습할 수 있는 모두가 윈-윈(Win-Win) 하는 곳이다. 잘한 부분은 아낌없는 박수와 갈채를, 아쉬운 부분은 다음에 더 잘하면 된다는 응원만 받는 곳이다. 사람들은 처음에 영어 실력 향상을 기대하며 토스트마스터즈를 시작한다. 그리고 계속 모임에 참여하면서, ToastMaster of the day, General evaluator 등과 같이 리더가 되어 모임을 이끌며 리더십도 배우고, 학교에서 만날 수 없는 다양한 배경을 지닌 사람들과 자연스럽게 교류하게 되는 토스트마스터즈의 장점에 점점 매료된다. 여러 가지 장점들이 많은 토스트마스터즈 모임은 항상 열려 있다. 회원이 아니더라도 모임을 나가 모임의 전 과정을 지켜볼 수도 있다. 지루하게 토스트마스터즈가 왜 좋은지 설명을 길게 했는데(뒤 광고도 앞 광고도 아니다), 한 번이라도 직접 토스트마스터즈에 나가본다면, 영어 발표, 리더십, 네트워킹 스킬들을 어떻게 향상시키는지 알게 될 것이다.

지역 사회와 교회에서 제공하는
공짜 영어프로그램 이용하기

내가 유학했던 도시는 소위 깡촌이었다. 미국 남부지역의 Bible Belt에 속해 있어서 그런지 학교와 도시 전역에 교회들이 많았다. 또, 교회에서는 유학생과 유학생 가족을 위해 무료로 제공하는 영어프로그램들도 많았고, 프로그램의 내용도 다양했다. 교회에서 하는 만큼 신앙에 관련된 것도 있었고 일상생활에 필요한 내용들도 많았다. 대부분의 교회에서는 교회가 제공하는 프로그램에 대한 소개를 미리 제공했는데, 본인에게 흥미롭고, 재미있어 보이는 클래스에 나가면 되었다. 미국의 교회는 자유로웠다. 한번 가보고 안 맞으면 다시 안 가면 그만이었다. 따로 연락이 온다거나, 함께 공부하자거나 이런 개인적인 연락은 한 번도 없었다. 학교 주변에 있는 교회에서는 대학생들이 영어 선생님으로 자원봉사를 했다. 다만 돈을 내고 배우는 클래스가 아니므로, 영어를 배우러 오는 사람들은 들쭉날쭉했다. 그냥 한번 궁금해서 오는 사람들도 많았고, 나처럼 꾸준히 나오는 사람도 있었다. 어떤 날은 선생님과 내가 일대일로 수업을 했었던 날도 있었고 또 어떤 날은 앉을 자리가 없었던 날도 있었다. 미국 생활 초반, 대학원 입학 전에 딱히 할 일이 없었고, 집에서 한국 드라마와 예능을 섭렵해도 시간이 남아서 나는 교회에서 제공하는 무료 영어프로그램에 거의 매일 나갔다. 그때는 영어를 내려놓기 전이라 영어를 마스터하고 말겠다는 의지가 강하기도 했다. 지루함을 잘 느끼는 타입이라 한곳에 오래 다니지는 않았고, 여기저기 교회를 돌아다니며, 기분 내키는 대로 왔다 갔다 했다.

대학원 생활의 첫 시작은 오리엔테이션이다. 나는 나의 대학원 생활을 시작하기 전부터 이미 장두 씨로부터 대충 학교 시스템이 어떻게 돌아간다는 것을 알고 있었고, 도서관이나, 학교 캠퍼스에 듬성듬성 퍼져 있는 학과 건물들도 상당히 익숙했다. 그래서 오리엔테이션 설명회는 흘려듣고, 행사장을 여기저기 둘러보았다. 그러다, 제대로 기억도 나지 않는 한 부스에서 뭔지도 모르고 닥치는 대로 여기저기 가입을 했다. 주로 동아리, 자원봉사 단체, 지역 비즈니스였다. 그중에 하나는 근처 교회들이 제공하는 무료 영어 회화 파트너 매칭 프로그램들이었다. 정확히 내가 어디 무슨 프로그램에 가입한지도 모른 채, 회원 가입했을 때 제공한 이메일 주소로 행사 등 광고와 홍보 메일을 받았다. 그러던 어느 날, 대학원 입학 후 6개월여가 지났을 무렵, 메일함을 정리하다가 정형화되지 않은 제목의 눈에 띄는 이메일이 있었다. 그 메일은 내가 대학원 오리엔테이션에서 등록한 교회들 중 한 곳에서 왔는데, 무료 영어 회화 파트너 매칭 프로그램에서 영어 회화 파트너를 소개해준다는 이메일이었다. 장장 6개월이나 아무런 소식도 없다가 뜬금없이 관심 있냐고 물어보았다. 불확실성에서 오는 불안감으로, '뭐야? 이거 사기 아닌가?'라고 처음에 생각했다. 그래도 '사람 많은 곳에서 만나

보면 적어도 안전은 하겠지.'라는 생각에 약속을 정하고 학교 앞 카페에서 기다렸다. 그때 나는 나보다 한참 어린 친구들과 잘 어울리지 못하고 힘들게 대학원 생활을 하고 있었기에, 기다리는 동안 내심 '나와 세대 차이가 많이 나는 대학생은 아니고, 조금은 나이가 지긋하신 분이었으면 좋겠다.'라고 생각했다.

몇 분 뒤, 내 앞에 환한 미소를 머금은 중년의 여자분이 서있었다. 우리는 카페에서 커피를 마시며 이런저런 이야기를 하며 친구가 되었다. 내가 대학원을 졸업할 때까지 쭉 만난 그 영어 회화 파트너는 남편과 같이 이탈리아에서 복음을 전도하다가, 남편이 아파서 미국으로 돌아왔다고 했다. 날 만나기 얼마 전에 안타깝게도, 남편은 결국 병마를 이겨내지 못하고 하늘나라로 떠났다고 했다. 남편의 죽음으로 하루하루 힘겹게 버티고 있던 차에, 다니던 교회에서 혼자 집에만 있지 말고 이런 거라도 한번 해보라고 권해서 나에게 이메일을 보내게 됐다고 했다. 조금 자존심이 상했지만, 내가 첫 번째가 아니라고 했다. 이메일을 받았을 때가 여름방학이었는데 첫 번째 이메일을 보냈던 사람은 집에 갔는지 도시에 없었고, 두 번째는 묵묵부답. 그리고 그다음이 나라고 했다. 정말 소름이 돋았던 것은, 이 친구가 나에게 이메일을 보내기 전에 소개받은 영어 회화 파트너가 나와 비슷한 또래가 아니라 훨씬 나이가 있는 자신을 보고 실망할까 봐 많이 망설였었다고 한다. 미국은 보통 회원가입 시 나이를 묻지 않는데, 대학교와 대학원 오리엔테이션을 통

JUST TRY IT
해보니 되는구나

해서 회원을 모집했기 때문에, 지레짐작으로 내 나이를 유추했었다고 했다. 그 친구는 나를 만나기로 한 카페에 들어오면서, 혹시라도 나의 실망하는 표정 때문에 자신이 상처받지 않기를 하느님께 기도했었다고 했다. 하늘이 맺어준 인연처럼 서로 만나기도 전에 어쩜 이렇게 똑같은 걱정을 했을까?

나는 이렇게 나와 평생 가게 될 인연을 우연히 만나게 되었다. 일주일에 한 번씩 끝나는 시간은 정하지 않고 카페나 서로의 집에서 만났다. 주로 즐거운 일들이나 힘든 일들, 또는 하루하루 소소하게 살아가는 이야기를 나눴다. 또한 그 친구는 나에게 영어보다 더 값진 주님의 은총과 함께 인생의 가치 있는 것들을 많이 일깨워 주었다. 그 친구는 나를 친구의 가족에게 소개를 했고, 땡스기빙, 크리스마스 등 가족 모임이 있을 때마다, 잊지 않고 나를 초대해 주었다. 덕분에, 우리나라로 치면 명절음식과 같은 연휴에 먹는 특별한 음식도 맛보고, 가족들과 어울리며 신나게 보드게임도 했다. 또, 함께 책도 읽고, 여행도 다녔다. 라스베가스와 뉴올리언스로.

[사진6] 지역 교회의 영어 회화 파트너 매칭 프로그램을 통해 알게된 영어 회화 파트너인 데빗

　내가 이 친구에게 도움을 많이 받았지만, 그중에서도 특별히 감사하게 생각하는 것이 있다. 나는 쪽팔리게 대학원 졸업 후 한참 동안 취업을 하지 못했었다. 나는 대학원 마지막 학기에는 학교 아파트에서 살고 있었다. 학교 아파트는 학교에서 재학생을 위한 주거시설로, 졸업을 하면, 학교 아파트에서 나가야만 했다. 다행히도 학교에서는 취업도 못 하고 USCIS에서 편지를 받아야 하는 나의 상황을 어느 정도 봐주어서 졸업 후 한 달 정도(방학기간) 학교 아파트에 머물도록 허락을 해주었지만, 그 이상은 학교 아파트에서 살 수 없었다. 그때 정말 마음고생이 심했다. 떠나야 하는 날은 정해져 있었는데 학교 아파트를 나와서 특별히 지낼 곳도 정하지 못했다. 최악은 나의 불찰로 OPT 시작일을 정하지 않고 USCIS에 서

JUST TRY IT
해보니 되는구나

류를 내버렸다. 그때 당시 Grace period가 최대 60일이 있어서, 졸업 후 60일 안에 OPT 시작일을 정하면 되는데, 나는 대학원 재학시절 취업도 못 한 상태인데 뭘 믿고 이런 큰 실수까지 하다니 지금 생각해도 아찔하다(다시 한번 말하지만 미국 비자 관련 정확한 내용은 USCIS 공식 홈페이지를 참고하기 바란다). 금요일 대학원 졸업식 바로 다음 월요일이 OPT 시작일로 되어버렸다. 이것이 내 상황을 매우 어정쩡하게 만들었다. OPT 시작일 이후 90일 안에 미국에서 취업을 하지 못하면 OPT로 미국에 합법적으로 있을 수 없어서, 아예 미국을 떠나야 했다. 또 내가 공부했던 시골 동네에는 학교만 있는 소도시로, 내가 일할 수 있는 IT 회사나, 다른 분야의 회사들도 동네에서 찾아보기 힘들었다. 즉, 운 좋게 취직을 하게 되어도 어차피 그 도시를 떠나야 할 운명이었다. 더욱이, 시골 마을이라서, 보통 렌트계약은 9개월(여름방학 제외)에서 일 년이고, 세입자가 계약 기간을 채우지 못하고 나가도, 전체 계약에 대한 의무는 계속 남아 있었다. 계속 비싼 렌트비를 계약 끝날 때까지 내거나 누군가나 대신 들어와서 살게 하고 그 사람에게 렌트비를 받아서 나의 렌트비로 충당하거나, 아니면 아예 계약자를 바꿔버리는 서브리스를 구해야 했다. 재정적으로 넉넉했다면야, 아쉬운 소리 안 하고 최대 90일 동안 간지나게 호텔에 머물고 싶었지만, 그때의 나의 처지는 쥐어짜면 똥밖에 나올 게 없는 상황이었달까? 학교 생활에 적응을 잘하지 못해 친한 친구도 없었을 뿐만이 아니라, 신세를 지더라도 하루, 이틀, 일주일도 아니고 최대 3달 동안 신세를 질 수도 있었기 때문에 대학원 친구들에게 선뜻 도와달라고 말도 꺼내지 못하고 있었다. 이렇게 내가 해결할 수 없는 여러 가지 골치 아픈 문제들로 홀로 어쩔 줄 몰라 하고 있을 때, 이 친구는 언제까지라도 머물러도 된다며 묻지도 않고 따지지도 않고 나에게 좋은 마스터 베드룸(화장실이 딸린 방)을 내주었다. 덕분에 취업 준비에 몰두하며, 편안하게 두어 달을 잘 보낼 수 있었다. 그렇다. 신은 늘 그랬듯이 나를 저버리지 않았다. 마지막 순간에 늘 한 줄기 희망을 주셨다.

JUST TRY IT
해보니 되는구나

영어는 맨날 당하고 끈질기게
되돌아오는 만화 속 악당 놀이

♢

지금까지 내가 대학원 다닐 때 시도했던 영어 실력 향상을 위한 방법을 공유해 보았다. 그런데 결국 처음에 영어 때문에 시작하게 된 내가 만난 좋은 인연에 대해 소개하는 것이 돼버리고 말았다. 이렇게 영어는 어떤 목표나 과정을 위한 하나의 의사소통 수단이 아닐까 한다. 내가 깨달은 영어 실력 향상의 최고의 방법은 영어 자체에 대한 미련을 내려놓는 것이다. 그리고 의사소통에 초점을 맞춰서 하루하루를 살아남는 것이다. 시간이 지나고 보면, 어느새 자연스럽게 영어가 늘어 있다.

나는 대부분 만화 속 주인공들을 좋아하지만 가끔씩은 만화에 나오는 악당들에게 정이 갈 때가 있다. 매일매일 허구한 날 주인공에게 당하고도 다음날 아무렇지도 않게 다시 돌아와 또다시 주인공에게 당하고 마는 만화 속 악당 무리들 말이다. 매일매일 실패해도 언젠간 먹고 말겠다며 도망치고 또 돌아오는 어릴 적 치토스 광고의 치타처럼, 오늘 경험했던 실패는 오늘의 실패일 뿐, 다음 날 아무 일 없다는 듯이 새롭게 도전하는 만화 속 악당들처럼 영어를 주인공이라 생각하고, 신나게 악당 놀이를 해보면 어떨까?

무사히 대학원 졸업하게 해주었던
펀딩 알아보기

Grader – Teaching Assistant(TA)의 보조

    International 학생들에게 유학비용은 만만치 않다. 아무리 학비가 감당할 만한 주립대학이라고 해도 콧대 높은 사립학교에 비해서 학비가 낮은 것일 뿐 대부분의 유학생들에게 미국의 학비는 결코 만만한 것이 아니다. 미국대학에서 유학생의 학비는 자국민에 비해 몇 배나 비싸고, 식비, 렌트비, 차량 유지비 등 미국에서 숨만 쉬는데 들어가는 생활비도 높다. 보통 박사과정에 있는 학생들은 교수님의 연구에 직접 참여하여 Research Assistant(RA)나, 교수님이 가르치는 과목의 조교인 Teaching Assistant(TA)로 일하며 지도 교수님의 연구실이나 학교에서 학비와 생활비 일부를 지원받는다. 다른 학교는 잘 모르겠지만, 적어도 내가 다녔던 학교의 석사과정에 있는 학생들은 학교나 교수님으로부터 펀딩을 지원받기가 힘들었다. 그래서 대부분 자비로 유학을 한다. 나는 대학원 첫 학기에 교수님이 신경을 써주셔서 교수님이 가르치는 과목의 Grader(조교의 보조)로 일하면서, 그때 당시 시간당 $10을 받으며 일을 했다. 미국에서는 학생비자를 갖고 있으면, 몇몇 경우를 제외하고는 일을 해서는 안 된다. 학교 내에서 학기 중에 주당 20시간씩 일하는 것은 예외 중 하나였다(반복해서 말하는데, 지금은 변경되었을 수도 있으니, 항상 공식 홈페이지를 참고해서 최신을 정보를 알아보기 바란다). 그래서, 대학원 첫 학기에는 Grader로 일하면서 한 달에 $800의 수입을 얻을 수 있었다. 한 달에 $800이면 작게 느껴질 수 있는데, 2016년 내가 유학했던 텍사스 주의 시간당 최저 임금이었던 $7.25과 비교하여 보면, 시간당 $10이면 꽤 괜찮게 받는 거였다. 이 $800은 유학 중이었던 시골 마을에서 넉넉하지 않아도 충분히 손 벌리지 않고 혼자 독립해서 살 수 있는 돈이었다.

Graduate Assistant(GA)

Grader로 번 수입은 생활비에 많이 보탬이 되었지만, 문제는 비싼 학비였다. 계속 자비로 학비를 감당하기에는 모아둔 돈도 별로 없었고, 장두 씨가 가라고 제발 가라고 해서 시작한 대학원이었지만, 시간이 가면서 점차 장두 씨의 눈치가 보이기 시작했다. 게다가 세상에서 제일 사랑하는 아이들도 2명이 있었는데, 아이들 입 속으로 들어가야 될 것을 빼앗아 내 학비를 충당해야 한다면, 그건 정말 상상하기도 싫은 끔찍한 일이다. 하지만 현실은 말도 잘 안 통하는 타국 땅에서 학생비자를 소지하고 할 수 있는 것이 별로 없었다. 나는 첫 학기의 충격에서 벗어나지 못한 채로 그저 크게 스트레스만 받고 있었다. 그러던 어느 날, 이미 철저한 계획이 있는 장두 씨로부터 무시무시한 지령이 내려왔다. 바로 펀딩을 구하라는 것이다. 짜증이 났다. '아 진짜! 말 같지도 않은 소리를 하고 있네. 나는 석사생이라서 학교나 교수님으로부터 펀딩 받기가 어렵다는 걸 잘 아는 사람이 이런 말을 해? 학기 중엔, 학과공부를 따라가기만 하는 것도 너무 벅찬데, 정말 자기가 하는 거 아니라고, 너무 쉽게 말하네.'라고 생각했다. 그러나 그때까지만 해도 장두 씨를 향한 나의 사랑의 힘은 강했고, 혹시라도 학비까지 펀딩을 받을 수 있으면 우리 가계에도 좋은 일이라서, 그냥 한번 알아나 보자 했다. 컴퓨터학과 사람들을 만나게 되면, 혹시나 하는 마음으로, 석사생으로서 펀딩을 받을 수 있는 방법이 있냐고 묻고 다녔다. 지나가는 말로 여러 사람한테 물어봤는데 그 중 한 명이 RA나 TA는 박사생들을 위한 자리라서 어렵고, 가끔씩 다른 과에서 학과 홈페이지 관리자나 프로그램을 짤 수 있는 컴퓨터학과생을 찾는 메일이 오는 걸 봤다고 했다. 그리고 메일링 리스트를 공유해 주면서, 친절하게 본인이 며칠 전에 받은 3개의 취업 공고 이메일을 전달해 주었다.

오호라! 이렇게 컴퓨터학과 학생을 고용하기 위한 3개의 취업 공고가 내 손에 들어왔으니, 당연히 그다음은 지원하는 것이었다. 그 어렵다던 대학원 첫 학기도 버텨냈던 나에게 이것은 전혀 어려운 일이 아니었다. 내가 대학원 입학을 위해 했었던 일과 비슷한 일을 하면 되었다. 이번에는 직접 얼굴 볼 필요 없이 이메일로 하면 되니까 부담이 없었다. 취업 공고에 올라온 자리가 내 경력과 요만큼이라도 관련이 있으니, 뽑아주시면, 최선을 다하겠다는 불굴의 의지와 레주메를 첨부해서 이메일을 보냈다. 사실 솔직히 말하면 진짜 일자리를 찾았다기보다는 장두 씨의 지령을 실행하기 위한 나의 피나는 노력을 증명하고, 몸을 바짝 낮춰 장두 씨의 안테나에서 조금이라도 벗어나 보려는 눈속임용 몸부림이었다. 이메일을 보내고 나서 한 이 주일 정도 지났을까? 지원한 세 군데 중한 곳에서 면접을 보라고 연락이 왔다. 그곳은 정확히 학교는 아니었고, 학교의 펀딩을 받는 학교의 부속기관이었다. 하게 될 업무는 웹 서비스를 개발하는 일이었다. 일단, 오라니까 갔다. 여기까지 내가 어떻게 왔는데, 인터뷰쯤이야 별것 아니라고 생각했다. 다행히 나는 나의 미래의 매니저가 물어보는 질문에 대답을 곧잘 했다. 하지만, 처음 본 외간 남자와 눈을 마주치고 이야기하는 것이 어려웠다. 미국에서는 상대방의 눈을 보고 대화를 해야 한다는 이야기를 수도 없이 들었지만, 정서상 안 되는 걸 어떡하겠나? 매니저 뒤로 보이는 상패를 보거나 아니면 천장이나 허공을 보며 대답했다.

면접 결과는 합격이었다. 후훗, 나는 한국에서 회사 다닐 때(경력이 단절되기 전) 제법 큰 웹 서비스 구축을 한 적이 있고, 웹 서비스 구축 후엔 그 서비스의 사후 관리를 했었다. 이제 와서 하는 이야기지만, 제법 규모가 있는 웹 서비스를 개발했던 경력을 가진 엔지니어를 학교의 작은 웹 서비스를 구축하는 데 헐값에 고용하다니, 그 회사가 참 운이 좋았다. 나는 이제 Graduate Assistant(GA – RA, TA가 아닌 학교에서 일하는 근로장학생이라고 생각하면 되겠다)로서 급여는 시간당 $16.5를 받으며, 방학 때는 주당 40시간, 학기 중에는 주당 20간을 일할 수 있었다.

[사진7] 대학원 시절 Texas A&M Health Science Center에서 Graduate Assistant로 일할 때 오피스 앞 저자의 명패

이것은 그때 당시 내가 있던 텍사스 주의 최저 임금의 2배가 넘는 금액이었고, 학교에서 Grader로 일하며 받았던 시급($10)보다 높은 시급이었다. 이와 더불어 학교에서 의료보험도 지원받았다. 다들 익히 들어서 알겠지만, 미국에 살면 미국의 의료보험이 얼마나 비싼지 알게 된다. 그리고 우리나라의 의료보험이 얼마나 좋은지 감탄하게 된다. 그렇게 방학 때는 한 달에 $2,640(주당 40시간)

이, 학기 중에는 $1,320(주당 20시간)이 내 통장에 꽂혔다. 내가 일했던 곳은 비록 심한 경쟁을 뚫고 들어가야 하는 회사는 아니었지만, 내가 미국에서 처음으로 면접을 본 회사였고, 내가 미국에서 일한 첫 일자리여서 나에게 더욱 의미가 컸다. 또한, 학기 중에는 Graduate Assistant로서 학비지원도 받았다. 같은 일을 해도, 박사과정 학생은 학비 전체를 지원받고, 석사과정 학생은 학비의 반만 지원받을 수 있다고 해서 조금 아쉬웠다. 사실 내 처지에서는 생활비와 의료보험료 그리고 학비의 반이라도 감지덕지였다. 더욱이 그때는 몰랐지만, 학교에서 GA로서 일한 경력은 내가 졸업 후 구직활동에 어려움이 있을 때, 큰 역할을 했다. 그중 한 가지는 합격을 한 후 내 매니저에게 들은 이야기인데, 나와 면접 볼 때 다른 것은 다 좋았는데, 내가 매니저의 눈도 못 마주치고 하도 여기저기 두리번거리면서 말을 하길래 나를 뽑을지 말지 조금 망설였었다고 했다. 그러니 어렵더라도 외국 사람들하고 이야기할 때는 특히 면접에서는 꼭 상대방의 눈을 보고 이야기하는 것을 연습하자. 그 외 어떤 큰 역할을 했는지는 나중에 나의 구직활동을 얘기할 때 공유해 보겠다.

PART 2

해보니
되는구나

CHAPTER 3
미국 직장 도전기

머나먼 곳, 그곳은 학교 주차장

◈

　미국은 차가 없으면 안 되는 나라이다. 특히, 미국 시골은 대중 교통 체계가 좋지 않아서 차가 없으면 일상생활을 하는 데 아주 지장이 많다. 내가 공부했던 도시의 경우도 학교가 중심인 시골 도시였다. 좋았던 점은 학생증을 보여주면 공짜로 버스를 이용할 수 있었는데, 나중에 알고 보니 버스 탑승비는 이미 내가 낸 비싼 등록금에 모두 포함되어 있었다. 내가 버스를 이용하든 안 하든 나는 일정금액을 버스회사에 주고 있었다. 버스는 한국의 시내버스와 다르게 급박함이 없다. 학교버스 운전기사는 항상 타는 사람이 자리에 앉거나 손잡이를 잡을 때까지 기다리고 내리는 사람이 모

84

두 내릴 때까지 기다려 주었다. 덕분에 휠체어를 타는 장애인도 기사님이나 승객들의 눈치를 보지 않고, 천천히 승하차를 할 수 있었다. 그뿐만이 아니라 버스 기사님은 자전거와 함께 버스를 탑승하려는 사람이 있다면, 자전거를 차에 싣고, 그 사람이 안전하게 버스에 승차할 때까지 묵묵히 기다려 주었다. 그 어느 승객들도 이런 이유들로 버스출발이 지연되어도 전혀 토를 달지 않았다. 또 운전석 옆 바닥에 노란색 선이 있었는데, 손님이 꽉 차서 노란 선을 넘게 되면, 버스 기사는 승객의 안전을 위해 더 이상 승객을 승차시키지 않을 권한이 있었다. 버스 기사가 타지 말라고 말하면 승객은 타지 말아야 하고 정말로 그랬다. 반면에, 내가 한국에서 대중교통을 이용할 때는, 항상 버스가 오는 곳을 주시하며, 버스가 정차할 곳을 미리 예측하고, 버스가 정차하면 바로 탈 수 있게 준비를 했다. 하차 시에는 비록 차가 많이 흔들리더라도 내 몸의 모든 감각을 동원하여 온몸으로 균형을 잡으며 먼저 문 앞으로 나가 문이 열리면 재빠르게 내릴 수 있도록 암암리에 훈련이 되어 있었다. 다른 한편으로는, 막히는 차도에서 버스 전용도로로 빨리 달릴 때는 약간의 짜릿함도 느꼈었다. 하지만 나의 아주 주관적인 견해로, 미국 버스 기사님들의 느긋함은 인도주의 차원에서 승객을 보호하고자 하는 것이 첫 번째 이유이고, 두 번째는 버스에 탄 승객이 혹시라도 불의의 사고로 다친다면 원치 않는 비싼 소송비용과 파산할 수도 있는 막대한 의료비를 변상해야 하는 것도 한몫한다고 생각했다. 가장 바쁜 등하교 시간에는 버스가 20분에 한 대씩 다녔고,

나머지 시간에는 대략적으로 1시간에 한 대 정도 다녔다. 예상했겠지만, 버스에는 아침 등교 시간을 제외하고 손님이 별로 없었다. 이런 버스 시간 스케줄 때문인지 몰라도, 많은 학생들은 자전거로 등교하거나, 근처 사는 학생들은 그냥 걸어 다녔다. 그리고 카풀도 많이 했다. 나는 학교와 도보 15분 거리에 살아서 오후 5시 이전에는 주로 걸어 다녔다. 하지만 명심해야 할 것은 아무리 안전한 도시라고 해도 해가 지면 걸어 다니는 것을 지양하고 자동차로 다니는 것이 좋다. 내가 살던 곳은 학교 시골 도시였기 때문에 모든 교통 시스템의 중심에는 학교가 있었다. 모든 노선의 중심에는 학교 캠퍼스가 있었고, 학교를 기점으로 학생들이 살고 있는 도시의 구석구석으로 뻗어 나갔다. 이 말은, 만약에 다른 노선이 지나는 곳에 살고 있는 친구 집에 버스를 타고 가야 한다면, 학교 캠퍼스를 들려서 환승을 해야 한다. 환승 스케줄이 딱히 학생 중심은 아니라서, 학교 캠퍼스 안 버스정류장에서 한없이 기다려야 하는 일은 다반사다. 그러니 동네 마트라도 편하게 다니려면, 고물차라도 자기 차가 절실히 필요했다.

아무리 내가 다니는 대학교의 캠퍼스 크기가 미국대학들 중 상위 10위안에 들 정도로 넓다고 하여도, 학생들의 차를 주차할 수 있는 공간은 늘 부족했다. 덕분에 주차비는 비쌌다. 그렇다고, 돈만 있다고 마음대로 원하는 곳에 주차를 할 수 있는 주차 퍼밋을 살 수 있는 것도 아니었다. 좋은 자리일수록 공급은 적고 수요는 많으니 당연히 대기자도 많았다. 그래서, 주차장 위치별 주차 퍼밋을 살 수 있는 우선순위가 따로 있었다. 가장 좋은 자리는 보통 학교에 찾아오는 손님들에게 시간당 주차비를 받는 비싼 자리였다. 그다음 좋은 자리는 늦게까지 학교에 남아서 연구에 몰두하는 교수님이나 박사과정 학생들의 차지였다. 유독 학교 캠퍼스가 큰 우리 학교는 학과 건물과 가까운 주차장일수록 경쟁이 치열했다. 지하로 땅을 파는 비용이 많이 드는지(2015~2016년도 기준) 지하 주차장이 있는 학교 건물은 거의 없었고, 가라지(Garage)라 불리는 주차타워가 곳곳에 몇 개 있었다. 주차장 이용 우선순위가 낮은 대부분의 학생들은 나이트 주차 퍼밋을 샀다. 나도 나이트 주차 퍼밋을 갖고 있었다. 나이트 퍼밋의 경우 오후 5시부터 다음날 오전 9시까지 학교 내 주차장에 주차를 할 수 있다. 그렇다고 해서 5시 이후 아무 주차장이나 주차할 수 있는 것은 아니었고, 학교 가장자리에서 시작되어 끝없이 펼쳐진 평야지대를 연상케 하는 건물과는 꽤 먼 인기 없는 주차장에 겨우 주차할 수 있었다. 이것도 저녁 먹고 어정쩡한 시간대에 가면, 건물과 비교적 가까운 자리는 하나도 남아 있지 않았다. 아무리 안전한 시골 동네이고, 아무리 안전한 학교 캠퍼스 안이라고도 해도, 해가 진 후 학교 내를 걸어 다니는 것은 장려되지 않는다. 그렇지만 나는 적어도 학교 캠퍼스 안에서는 안전하다고 생각해서, 저녁에는 종종 걸어 다녔다. 주로 학교 건물과 차를 주차해 놓은 주차장까지 걸어 다녔다는 것이지, 학교 바로 앞 다운타운을 제외한 학교 밖에 있는 시설의 경우 해가 진 저녁 때에는 절대 도보로 이용하지 않았다.

내가 운 좋게 GA로서 일하게 된 곳은 집에서 차로 15분 거리에 있었다. 집은 학교에서 도보로 15분이었다. 밤에 출근할 경우는 없었고, 낮에 수업이 없는 공강 시간에 주당 20시간을 채우려고 회사에 출근을 해야 했다. 학교에서 집까지 도보로 15분, 집에서 회사까지 차로 15분 왕복 30분, 총 45분의 시간이 필요했다. GA가 된 이후 나의 일과는 수업이 끝나면 총총걸음으로 바쁘게 집으로 가서 나의 애마를 몰고 신나게 회사로 향했다.

[사진8] 저자의 애마

같은 과 학생들이랑 어울리기 어려웠던 이유 중에는 영어라는 장벽도 있었지만, 과 친구들과 함께 어울릴 수 있는 시간도 부족했다. 수업 끝나고 학교 앞에서 같이 햄버거에 감자튀김도 나눠 먹고, 톡 쏘는 콜라 한 잔씩 하며 같이 노닥거리고, 같이 공부를 해

JUST TRY IT
해보니 되는구나

야 친구들과 친해질 수 있는 기회가 생기는데, 나는 수업 끝나는 대로 대충 조별 프로젝트 정도만 의논하고 휘리릭 사라졌으니 말이다. 이렇게 열심히 캠퍼스를 가로지르며 학업과 일을 병행하느라 나는 늘 바빴다.

인턴이 되려면?

◆

　대학원 생활을 하다 보니 미국에서 취업을 하려면 인턴십이 아주 중요하다는 것을 알았다. 한국에서도 요즘 대학생들은 공모전이나, 인턴을 많이 한다는 이야기를 들었다. 내가 대학 다닐 때 나는 의사가 되기 위해 밟는 과정 중의 하나인 인턴 말고는 다른 의미의 인턴이라는 말을 들어본 적도 없었고, 주변 친구 중에서 인턴을 지원하는 경우도 없었다. 만약 인턴을 하려는 친구가 있었다면, 아마도 나는 '이 친구는 왜 졸업도 하기 전부터 회사에 가서 일하고 싶어 할까?'라고 생각했을 것이다. 대학교 1·2학년 때는 공부와는 담을 쌓고, 저녁때마다 학교 잔디밭에 삼삼오오 모여 앉아 값싼 소주와 강냉이를 먹으며 이야기를 나누곤 했다. 솔직히 나는 회사 입사 후에도 내가 일했던 부서에서 인턴을 받아본 적이 없었다. 하지만 요즘은 한국도 인턴 경험이 필수인 것 같다. 특히, IT와 엔지니어링 분야에서는 학교 재학 중에 인턴을 했던 경험이 졸업 후 입사 지원 시 중요하게 작용한다고 들었다. 미국에서 인턴은 "아프니까 청춘이다."와 같은 경험을 얻기 위해 나의 시간과 노력을 희생하는 것이 아니다. 지원한 회사의 문화를 미리 체험해 보고, 진행 중인 프로젝트도 참여해 봄으로써 내가 회사와 맞는지 회사도 내

JUST TRY IT
해보니 되는구나

가 회사의 인재상과 맞는지 서로 확인해 보는 것이다. 물론 회사의 프로젝트에 참여하는 것이니 적정한 보수도 받으면서 말이다. 나는 인턴을 해보지 못해서 잘은 모르지만, 미국에서 인턴들이 받는 급여는 한국에서 흔히 말하는 열정페이 정도가 아니라 회사의 풀타임 직원들이 받는 급여의 70~80% 정도 된다고 들었다. 높은 급여 이외에도, 보통은 한 회사에서 인턴을 하게 되면 인턴이 끝날 때쯤에 인턴을 한 회사로부터 오퍼를 받는다고 한다. 내가 제일 부러웠던 것은 회사들은 인턴들에게 회사에 대해 좋은 인상을 주려고 인턴들을 위해 다양한 선물과 이벤트도 준비한다. 그러니, 이런 인턴 경험을 쌓기 위해 회사에 들어가는 것도 일반 구직 시 하는 서류 전형, 대면 면접과 똑같은 프로세스를 통과해야 한다.

고용계약, 풀타임 직원(Full Time Employee, FTE), 컨트랙터(Contractor)

내가 근무했던 IT 기업들의 직원 고용 형태는 풀타임과 컨트랙터로 나누었다. 미국은 우리나라와 같이 정직원의 개념이 없다. 모든 직원은 회사와 고용 계약을 맺은 계약직이다. 언제든지 해고될 수 있는 점만 뺀다면, 회사와 풀타임 근무 계약을 맺은 풀타임 직원이 우리나라의 정직원과 유사한 개념이라고 보면 된다. 회사와 직원, 두 계약 주체들은 언제든지 서로가 사인한 고용 계약을 해지할 수 있도록 계약서에 "at will"이라고 명시한다. 그렇다고 아무 때나 아무렇게나 나가도 괜찮다는 말은 아니다. 단지 계약 위반 사항이 아니라는 것일 뿐이다. 미국에서의 취업은 '추천'을 통해서 이루어지는 경우도 많으니, 아무리 회사에 엿을 먹이고 싶어도 업계를 완전히 떠날 생각이 아니라면, 언제나 쿨한 마무리는 중요하다.

미국의 차별금지법(Anti discrimination law)에는 회사가 나이, 성별, 인종, 종교 등을 이유로 직원을 해고할 수 없다는 것을 보장한다. 이 말은 만약 직원이 위의 경우에 의거하여 해고를 당할 경우에는 직원이 회사를 상대로 소송하여 승소할 수 있다. 안타깝게도 이 법에는 직원의 업무 능력(performance)은 명시되어 있지 않기 때문에, 직원의 업무 능력이 회사의 기대에 미치지 못할 경우 회사는 언제든 직원을 해고할 수 있다. 또, 회사 경영이 안 좋아져서 사업을 접는 경우에도 마찬가지로 직원을 해고(layoff)할 수 있다. 직원을 내보내게 되면 회사는 재직기간에 따라 1~3개월가량의 의료 보험과 월급을 지급하는 severance package를 주는 경우가 많다. 영화에서처럼 당일날 갑자기 직원을 해고하는 일은 드물다. 그런 회사들은 회사 리뷰가 안 좋을 것이고, 좋은 인재들이 그 회사로 취업하기를 꺼릴 것이다.

미국에서 풀타임 직원은 회사의 주축 인력이다. 풀타임 직원은 연봉(salary)을 받으며, 의료보험, 주식, 보너스, 기념품 등 회사가 제공하는 모든 복지 혜택을 받는다. 한 가지 말하고 싶은 것은 보통은 풀타임 직원이 업무 시간 이후에 남아서 일을 한다고 해서 따로 시간 외 수당과 같은 것을 지급하지 않는다. 예를 들어 평일 8시 이후나, 토요일에 나와서 회사 일을 한다고 시간 외 수당을 주지 않는다. 그렇다고 해서 회사가 야근을 장려하는 것은 아니다. 만약 직원이 너무 자주 회사에 오래 남아 있으면 일을 못하는 인상을 준다는 것도 어느 정도는 사실이다. 못한다고 해서 핀잔이나 갈굼을 당하는 것이 아니라, 매니저는 무엇 때문에 일이 안 되는지 파악하고, 직원의 업무량이 너무 많다면, 업무 재분배를 고려하거나, 프로젝트를 진행하는 데 걸림돌이 있다면 해결하기 위해 최대한 도움을 준다. 정말 피치 못할 사정으로 업무 시간 외에 일을 하게 되면 금전적인 보상을 주거나 매니저 재량껏 휴가를 주기도 한다.

컨트랙터는 회사의 정기적인 일이 아니라 단기성 프로젝트에 투입되는 시간당 급여를 받는 인력이다. 회사가 제공하는 복지 혜택을 모두 받는 것은 아니다. 컨트랙터는 계약 만료일이 있으며, 계약은 연장될 수도 있고, 그냥 만료될 수 있다. 이 점에서 한국의 계약직과 비슷한 직군이다. 컨트랙터로 일한 적이 없어서 정확히는 모르나, 야근을 하게 되면 추가 근무를 하는 것이므로, 당연히 평상시보다 높은 요율이 적용되는 시간 외 수당을 받는다. 시간당 급여는 하는 일에 따라 다른데 풀타임 직원과 비슷한 일을 하면 풀타임 직원과 비등하게 받는다.

미국에서 소프트웨어 엔지니어가 되려면, 보통 리더십 프린시펄 (Leadership Principal) 혹은 behavioral 인터뷰이라고 불리는 인성면접과 기술면접을 패스해야 한다. 기술면접은 대게 코딩실력을 보는 코딩 인터뷰와, 시스템디자인 인터뷰로 나뉜다. 기술면접은 코로나 전에는 화이트 보드를 이용했으나, 코로나 이후 언택트 시대에는 회사가 제공하는 온라인 툴을 사용하게 되었다. 부끄럽지만 나는 이 코딩 인터뷰라는 단어를 대학원을 다니면서 처음 들어보았다. 요즘은 한국에서도 대부분의 IT 기업들이 코딩 인터뷰와 시스템디자인 인터뷰를 본다고 한다. 내가 회사 지원할 때와는 다르게 점점 회사 입사시험의 난이도가 높아지는 것 같다. 그런데, 결혼하면서 이쁜 아이 둘을 낳은 후로, 딱히 새로운 직장을 위한 구직준비를 해본 적이 없어서 그 당시 한국과 미국에서 어떤 방식의 면접전형을 통해 소프트웨어 엔지니어들을 뽑는지 전혀 감이 없었다.

첫 번째 관문: 전화 면접, 혹은 폰 스크리닝 면접

본격적으로 지원자에 대해 심층 면접을 하기 전에 먼저 회사는 지원자가 지원한 직군과 비슷한 경험이 있는지 등을 체크하는 스크리닝을 한다. 코로나 이전에 이 스크리닝 과정은 보통 전화나 회사가 지정하는 온라인 툴로 이루어졌기 때문에 온라인 면접, 전화 면접, 폰 스크리닝으로 불렸다. 온라인 면접은 주로 한 세션으로 이루어진다. 즉, 면접관 한 명과 45분에서 1시간 정도의 면접이 온라인으로 진행된다. 면접관이 지원자에게 전화를 걸어 문제를 내고, 지원자는 그 문제를 풀면 된다. 면접관이 출제하는 문제만 다를 뿐이지 전반적으로 여느 회사나 온라인 인터뷰 진행하는 방식은 비슷하다. 하지만 세부적인 방식은 회사마다 다를 수 있다. 가령 면접관이 지원자에게 전화를 하는 방식도, 직접 개인 핸드폰으로 연락을 하거나, 줌(Zoom), MS Teams, 구글밋 등과 같은 컨퍼런스 콜을 할 수 있는 시스템을 이용하기도 한다. 또한, 면접관과 문제풀이를 공유하는 방법도, 구글 닥(Google doc)과 같은 공유 문서 편집기를 이용해서 하거나, 혹은 실제로 지원자가 작성한 코드를 실행시켜 볼 수 있도록 여러 가지 컴파일러와 인터프리터가 탑재된 공유 코딩 플랫폼을 이용하기도 한다. 컨퍼런스 콜에 초대된 경우라면, 지원자는 자신의 화면을 공유해서 자신에게 익숙한 개발 툴을 사용할 수 있다. 대부분의 회사는 인터뷰 시 지원자가 코딩에 사용할 수 있는 프로그래밍 언어에는 특별히 제한을 두지 않는다. 하지만, 코딩 인터뷰에서 본인이 작성한 코드를 면접관에게 이해시켜야 하므로, 백엔드 엔지니어의 경우라면, 대부분의 프로그래머가 어느 정도 알고 있고, 간결한 Python 혹은 Java 등을 많이 사용한다. 코딩 인터뷰 진행 방법은 온사이트 인터뷰를 설명할 때 자세히 기술되어 있으니, 천천히 읽어나가면 된다.

오래된 이야기를 한 가지 하면, 내가 한국에서 대학 졸업을 앞

두고 취업 면접을 봤을 때에는 1차로 서류 심사에 합격을 하면, 2차로 3~4명의 지원자들과 다수의 실무자 간 N:M 면접을 했다. 이 면접에서는 한 면접관의 질문에 따라 지원자들이 한 명씩 돌아가며 대답을 하고 마지막에는 늘 '뽑아만 주시면 회사에서 까라면 까라는 대로 잘하겠습니다.'라는 썰을 푸는 식이었다. 3차는 임원진 면접이었는데 가끔 면접관으로 오시는 분들 중에 하루 종일 면접 보는 것이 피곤하셨는지 주무시는 분들도 있었다. 계속 라떼를 리필하고 있는데, 요즘에도 어색한 표정의 증명사진을 붙인 응시표를 가슴에 달고 면접장에 들어가는지 궁금하다.

인턴의 적기: 미국대학의 여름방학

　　미국의 학기는 대부분 8월 말 9월 초인 가을에 시작을 하고, 봄, 여름, 가을 총 3학기로 나뉜다(4학기제를 하는 학교도 있다). 봄과 가을학기가 정규 수업이 있는 학기이고, 여름학기에도 약간의 수업이 열리긴 하지만, 우리나라의 여름방학과 겨울방학을 한꺼번에 모아놓은 약 4개월간의 긴 방학이라고 생각하면 된다. 대부분의 주민이 학생인 시골 학교 동네라서 그런지 여름학기에는 많은 학생들이 자신이 살던 부모님 집으로 돌아가거나, 유학생들은 본국으로 귀국해서 동네가 한적하다.

JUST TRY IT
해보니 되는구나

내가 유학했던 학교는 매 학기 초에 학교 강당에서 제법 큰 커리어페어를 열었다. 이 커리어페어는 취업 박람회처럼 유능한 인재를 찾는 회사와, 미래 일꾼들의 만남의 장소다. 학생들은 관심 있는 회사의 부스에 가서 회사에 대한 설명도 듣고, 선물도 받고, 회사가 마음에 들면 이력서를 제출한다. 나는 강남역 6번 출구 뒷골목 호프집 전단지를 돌리는 아르바이트생들처럼 학교에서 커리어페어가 열릴 때마다 죽어라 레쥬메를 뿌리고 다녔다. 레쥬메를 받은 회사들은 추후에 회사의 인재상에 맞는 지원자들에게 따로 연락해서 인터뷰를 잡는다. 컴퓨터학과 학생들은 봄과 가을학기에 면접을 보고 대부분 여름방학 때 인턴십을 했다. 주변에서도 커리어페어가 끝나면, 어렵지 않게 인턴십을 얻기 위해 면접을 보는 친구들이 많았다. 여름방학 때 많은 컴퓨터학과의 학생들은 인턴십을 하려고 도시를 떠났다.

가을에 시작한 학생들은 가을과 봄, 두 학기를 마쳐야 인턴십을 할 수 있는 여름방학이 온다. 유학생이라면 대부분 첫 학기는 적응한다고 정신없이 보내고, 두 번째 학기부터는 어느 정도 미국 생활에 적응이 되었으니, 정신을 바짝 차리고 인턴십을 구하고, 그다음 여름학기에 인턴십을 간다. 뛰어난 친구들이나 대학원에 오기 전부터 미리 미국의 취업 시장에 대한 정보를 알아보고 일찍 면접 준비를 시작한 친구들은 첫 학기부터 인턴십을 잡는 경우도 종종 있다. 인턴십은 매 학기 마다 열리는 커리어페어를 통해 지원하거나,

원하는 회사 홈페이지에 방문해 직접 지원하면 된다. 지원하려는 회사 홈페이지를 전부 찾아다니며 지원하는 것이 귀찮다면, 링크드인(linkedin.com) 혹은 인디드닷컴(indeed.com) 등과 같은 취업 홈페이지에 본인의 프로파일을 잘 꾸며서 올려놓고 리크루터의 연락이 오기를 기다려도 된다. 이런 기회들을 통해 인턴을 갔다 온 학생들은 거의 인턴을 했던 회사로부터 오퍼를 받는다. 인턴십 이후 오퍼를 받지 못했던 학생들도 인턴십을 통해 실무 경험했던 이력은 추후에 구직활동 시 많은 도움이 된다. 나는 컴퓨터학과 학생들이, 여름방학 때 인턴십을 하지 못하면, 미국에서 취직을 못 한다는 이야기를 많이 들었다. 인턴십은 뭐랄까 중학생들의 등골브레이커 같은 것이었다. 비용이 많이 든다는 것이 아니라, 주변에서 다 해봤기 때문에 만약 혼자만 하지 않았다면, 뭔가 문제가 있어 보이는 것이다. 그만큼 거의 대부분 컴퓨터학과 학생들은 인턴십을 한다. 그래서 이 늦깎이 아줌마의 인턴 경험이 어땠냐고 묻는다면, 이 못난 아줌마는 인턴십을 구하지 못한 몇 안 되는 컴퓨터학과 학생들 중의 한 명이었다. 사실, 다들 창피해서 숨기는 건지는 몰라도 솔직히 내 주변에서 인턴십을 하지 못한 학생을 찾을 수 없었다. 더 나아가 인턴십을 얻기 위한 인터뷰를 보는 기회조차 한 번도 갖지 못한 학생이 있다고 그 누구도 쉽게 상상하지 못할 것이다. 그런데 그런 사람이 바로 이 아줌마다. 끝까지 숨겨야 했었나? 이 책을 통해서 얻을 수 없는 것이 있다면, 아마도 인턴십을 위한 구직, 면접 경험 그리고 실제 인턴십 경험일 것이다. 하지만 보잘것없고

변변치 못하고 늘 따라가기에 급급했던 이 늦깎이 아줌마는 대부분의 컴퓨터학과 학생들이 갖고 있지 않은 더 소중한 경험이 있다. 그것은 바로 인턴십 경험 없이 미국에서 굴지의 IT 기업으로 취업에 성공하기이다. 다들 이번 생은 안 되겠다며 고개를 저었지만, 해보니까 되는 거다. 안 해보면 절대 일어나지 않는다(Just Try It!).

나는 대학원을 봄학기부터 다니기 시작했다. 그래서 가을에 시작한 대부분의 학생들과 다르게 나는 대학원 졸업할 때까지 2번의 여름학기가 있었다. 처음에는 인턴십을 할 수 있는 여름학기가 2번이나 되니 나는 참 운이 좋다고 생각했다. 그때는 당연히 나도 여느 컴퓨터학과 학생들처럼 여름방학 때 인턴십을 할 수 있을 것이라 생각했다. 당돌하게 들릴지 몰라도, 내가 이렇게 생각하는 것은 당연했다. 왜냐하면, 나는 장두 씨의 학과, 토목공학과 학생들이 본 컴퓨터학과 학생들의 모습만 알고 있었기 때문에 인턴십을 구하는 것을 얕잡아 봤었다. 카더라 통신에 따르면 댐, 교각, 고속도로 등을 건설하는 토목사업은 규모가 크고 한 국가의 기간사업이기 때문에 주로 정부에서 하는 사업이 대부분이라고 한다. 이런 국가적인 사업에는 국가 기밀도 있고 해서, 고학력 외국인 노동자를 위한 일자리가 거의 없다고 한다. 대학원 졸업 후 미국에 있는 IT 기업에 취직하는 대부분의 컴퓨터학과 학생들과는 다르게, 토목공학을 전공한 졸업생들은 어디에도 빠지지 않는 능력이 있다 하더라도, 외국인 신분으로 미국에서 선택할 수 있는 직업은 대학교 교수 혹은 연구소 연구원 정도라고 한다. 이런 좁은 취업문으로 인해 토목공학과를 졸업한 유수히 많은 인재들은 미국에서 자리 잡기가 아주 어렵다고 들었다. 이런 배경이 있는 타과생들의 눈에는 컴퓨터학과 학생들은 그냥 지원만 하면 인턴십이 다 되는 것처럼 보였을 것이다. 아마 취업도 원서만 넣으면 다 합격할 뿐만 아니라 자신이 원하는 회사를 골라서 가는 것처럼 보였을 것이다. 마치 호수에 우아하게 떠있는 백조만 보려고 하고, 물밑에서 백조들이 얼마나 발길질을 열심히 하고 있는지 특별히 관심 없는 것처럼 컴퓨터학과생들이 구직을 위해 하는 피나는 노력을 유심히 살펴보기는 아마도 힘들었을 것이다. 아니면, 이런 노력들은 아주 기본 중의 기본이라서 두말하면 입이 아픈 소리였을 수도 있다. 내 주변에서 열심히 인턴십을 지원했지만, 인턴십을 위한 인터뷰조차 한 번도 보지 못했다고 말하는 학생을 현재까지 한 번도 듣지도 보지도 못했다. 근데 부끄럽게도 그런 사람이 이 아줌마이다. 여러분들은 이렇게 만나기 힘든 사람을 방금 알게 된 것이다. 어쨌든 나는 컴퓨터학과 학생들의 숨은 노력은 알아채지 못했고, "미국에서 컴퓨터학과를 졸업한 학생들은 인턴십과 취업을 하기 쉽다."라는 말을 곧이곧대로 믿어 의심하지 않았다.

JUST TRY IT
해보니 되는구나

나를 나답지 못하게 만들었던
인턴십 도전기

◇

자, 도대체 내가 과연 어떻게 인턴십을 준비했길래, 대학원에 다니는 2년 동안 단 한 번도 면접의 기회조차 얻지 못했던 것일까? 단언할 수 있다. 노력은 했다. 진심이다. 옛말에 타산지석이라는 말도 있으니, 내가 했던 방식을 참고해서, 보완하면 여러분들은 반드시 원하는 회사에서 인턴십을 할 수 있을 것이다.

반드시 참석해야 하는 커리어페어

우리 학교에서는 매 학기 초에 공과대 학생들을 위해 제법 큰 커리어페어를 3~4일 동안 연다. 학교 캠퍼스에 많은 학생들이 정장 차림으로 나타나기 시작하는 때가 바로 커리어페어가 열리는 시기다. 학교에서 준비한 커리어페어와 별개로 저녁에는 공식적인지는 모르겠지만, 컴퓨터학과만을 위한 커리어페어가 컴퓨터학과 건물에서 따로 열렸다. 커리어페어는 한자리에서 여러 회사들과 이야기를 해보고, 인터뷰 기회를 얻을 수 있는 좋은 기회다. 나도 열심히 작성한 이력서를 들고 매 학기 학교에서 그리고 단과대에서 열리는 커리어페어에 참석했다.

첫 학기에는 어떻게 돌아가는지 한번 경험해 보자라는 마음으로 가볍게 참석했다. 부스마다 돌아다니며 면접 기회를 얻는 데 집중하기보다는 부스 방문자에게 주는 공짜 기념품들을 챙기는 것에 더 열을 올렸다. 내가 가져간 종이(나의 이력서)와 바꿔서 얻은 여러 가지 물건들로 양손을 무겁게 하고 집에 돌아오며 뿌듯해했다. 커리어페어가 열린 후 시간이 조금 지나면, 학생들은 대부분 온라인으로 면접을 보기 시작한다. 온라인 면접을 합격하게 되면, 회사가 모든 경비를 지원해서 지원자를 직접 회사로 초대해 4~6세션의 면접을 보는 온사이트 면접을 본다. 코로나 이후에는 언택트 시대라서 온사이트 면접도 폰 인터뷰와 같이 온라인 툴을 이용하여 온라인으로 면접을 봤는데, 대체할 말이 없었는지 그냥 그대로 온사이트라고 불렀다. 그리고 이 온사이트 면접에서 최종합격을 하게 되면, 리크루터와 언제 인턴십을 시작할지 결정한다. 한 회사에 합격한 후 구직활동을 중지하고 학업에 몰두하는 학생도 있고, 좀더 좋은 조건을 찾기 위해 또는 원하는 회사에서 인턴십을 하기 위해 계속 면접을 보러 다니는 학생들도 있다.

나는 레쥬메를 마치 대출광고 전단지처럼 뿌리고 다녔는데, 첫번째 커리어페어에서는 어느 회사에게서도 연락을 받지 못했다. 전혀 네버. 이것은 100% 사실이다. 이런 일을 겪는 것은 심리적으로 너무 괴롭기 때문에 나는 이런 일이 여러분들한테는 일어나지 않기를 진심으로 바란다. 나의 대학원 첫 학기는 학교에서 학교 생활도 제대로 못 하고 있던 터라, 학교에서 하는 커리어페어를 제외한 다른 구직활동까지 신경 쓸 여유가 없었다. 단지 가끔 학교에서 지나가는 소리로 누가 어디에 합격했다는 소리가 들리면, 문제의 심각성을 알아차리지도 못한 채 나에게는 언제 연락이 오려나 잠깐 갸우뚱하기만 했다. 드디어 첫 학기가 끝나고, 기다리고 기다리던, 여름방학이 시작되었다. 많은 친구들이 인턴십을 하러 도시를 떠났을 때, 다행히 나는 그대로 도시에 남아 GA로서 그리고 학생 소프트웨어 개발자로서 일을 했다. GA의 월급은 다른 친구들이 인턴십을 하며 받는 소득에 비교하면 한참 보잘것없는 소득이었지만, 나에게는 아파트 렌트비를 내고도 남을 만큼 큰돈이었다. 무엇보다도 내 이력서에 미국에서 일한 경험을 추가할 수 있게 해준 기회에 감사했다.

코딩 인터뷰 준비의 시작, 리트코드와의 만남

학교에 안 나가니, 여름방학 때에는 마음의 여유가 생겼다. 내가 일했던 회사에서는 내가 Graduate Assistant(GA), 소위 '학생 소프트웨어 개발자'이다 보니, 회사에서는 내가 하는 일에 대한 기대치가 낮았고, 내가 맡은 웹 서비스를 개발하는 프로젝트도 명확한 기한이 있는 것도 아니었다. '학생 소프트웨어 개발자'는 일하면서 배우는 것이 아니라 배우면서 일하는 것이었다. 배우는 것에 더 많은 초점이 있었다. 그렇기에 드디어 나도 진지하게 이 골치 아픈 미국 대학원을 시작하게 만든 미국 취업에 대해 전략을 세울 시간이 생겼다. 제일 먼저 해결해야 할 임무는 도대체 왜 내 이력서를 커리어페어에 참석한 모든 회사들에게 빠짐없이 제출했는데 리크루터들로부터 단 한 통의 이메일 연락을 받지 못했는지 알아내야 했다. 지금 돌아보면 그 이유를 잘 알겠지만, 그때는 미국 생활에 적응도 못 하고 영어도 안되고 무엇보다 한참 자존감이 낮아진 터라 이유를 알 턱이 없었다. 모르니까 일단 주변에 물어보기로 했다. 이력서를 뿌리고 다녔는데도 리크루터로부터 한 통의 연락도 못 받은 내 신세를 한탄하면서 어떻게 해야 리크루터의 연락을 받을 수 있는지 주변 친구들에게 조언을 구했다. 진짜 무대뽀로 미국 구직정보에 대해 전혀 모르고 대학원 생활을 시작해서 그런지 뭘 어떻게 해야 할지 감도 못 잡은 상황이었다. 더욱이 나는 심리적으로 많이 위축이 되어 두뇌회전도 현저히 저하되어 있었기에 뇌가 일도 못 하고 있었으니 스스로 알아낼 역량도 없었다. 제발 뭐라도 하나 얻어걸리기를 빌었다. 가슴 아프게도, 많은 사람들이 나의 노.오.력이 부족했음을 지적했다. 요지는 늦깎이 경단녀 아줌마로 한국에서 일했던 회사 경력을 내세워 대학원도 거의 거저 들어와 놓고, 또, 석사과정 학생으로서는 드물게 학비를 보조받는

Graduate Assistant 자리도 운 좋게 꿰찼다고 해서 모든 걸 쉽게 이루려 하지 말라는 것이었다. 몇 년간 일을 놓고 쉬어서 다른 학생들보다 소프트웨어 개발능력이 부족할 것이니, 그저 요행만 바라지 말고 좀 더 열심히 노력, 피나는 노.오.력을 해보라는 것이었다. '이런 신발! 구직활동을 위해서 노력을 하지 못한 건 할 말 없지만, 그래도 대학원 생활에서 어떻게든 살아남기 위해 너네가 꼬집은 그 노.오.력을 조.온.나. 해왔는데.' 어쨌든 나의 열등감 때문인지 몰라도 내가 느끼는 주변의 시선은 보통 이랬다. 이런 말에 열폭 하기엔 나의 시간이 아까웠고, 주변에 물어보는 일은 어렵지 않았기에 그리고, 다른 좋은 방법도 모르겠으니, 계속 여러 사람들에게 내 신세를 한탄하며 어떻게 하면 좋을지 조언을 구하러 다녔다. 내가 가야 할 방향을 알아낼 때까지 나는 계속 반복해서 사람들에게 물어보았다.

어떤 한 친구가 온라인 코딩 인터뷰 준비 사이트, 리트코드(leetcode.com)를 추천해 주었다. 리트코드는 회사별 코딩 인터뷰 예상 문제들에 대해 직접 온라인으로 코드를 작성해서 실행해 볼 수 있는 사이트다. 리트코드는 주요 IT 회사들의 인터뷰 기출 문제들이 공개되어 있었고, 몇몇 최신 문제들은 멤버십을 구독해야 볼 수 있도록 자물쇠가 걸려 있었다. 코딩 문제마다 온라인으로 코딩을 작성해서 리트코드에 제출하면, 리트코드는 준비한 테스트 케이스들을 실행한다. 제출된 코드가 모든 테스트 케이스들을 통과하고 정해진 시간과 메모리 사용량을 넘지 않으면 최종 통과된다. 이렇게 통과된 문제에 대해서는 내가 작성한 코드의 시간 복잡도와 메모리 복잡도를 이미 다른 회원들이 제출한 코딩의 시간 복잡도와 메모리 복잡도와 비교하여 보여준다. 오늘 리트코드 사이트를 들어가 확인해 보니, 내가 대학원 재학시절에 이용했던 것보다 훨씬 더 많은 예상 문제들이 있고, 솔루션이 제공되는 문제들도 많이 있다. 지금은 리트코드가 아니더라도 구글에서 '코딩 인터뷰 준비'라고 찾으면 리트코드와 비슷한 사이트가 무수히 많이 나오니 원하는 걸 골라 코딩 인터뷰 준비를 시작하면 된다. 비록 그 당시는 아직 한 번도 접해보지 못한 코딩 인터뷰였지만 친구가 소개시켜 준 리트코드에서 준비하면 되겠다 싶었다.

분명히 어딘가 문제가 있는 나의 이력서

나는 여전히 리크루터로부터 연락이 오지 않는 문제에 대해서 돌파구를 찾지 못하고 있었다. 코딩 인터뷰 준비는 리크루터에게 연락을 받은 이후의 단계이다 보니 리크루터로부터 연락을 받지 못한다면, 코딩 인터뷰로 진행할 길이 없었다. 연락이 오지 않는 리크루터에게 물어볼 수도 없고 정말 어떻게 해야 할지 알 도리가 없었다. 그러던 중 어떤 친구가 나의 이력서가 문제일 수도 있으니 학교 커리어센터(취업 준비 센터)에 가서 인터뷰를 교정받아 보라

JUST TRY IT
해보니 되는구나

고 했다. 한국에서 취업을 하려고 이력서를 썼던 것도 십수 년 전의 일이었고, 한국처럼 지원서 양식이 정해져 있는 것과 달리 자유로운 양식의 미국식 이력서는 처음 써보는 것이므로 그 친구의 조언은 일리가 있다고 생각했다. 대부분의 학교에는 커리어센터가 있으며, 커리어센터는 학생들의 취업을 도와주기 위해 여러 가지 서비스를 제공한다. 우리 학교는 주로 회사의 HR 등에서 오랫동안 근무하시다 퇴직을 하신 졸업생분들이 후배들의 이력서를 교정해 주고 있었다. 두어 번 학교 커리어센터에 찾아가 나의 이력서를 교정을 받았는데, 문제는 HR에서 근무하셨던 분들은 IT 분야를 잘 모르시고, 소프트웨어 개발자를 위한 이력서도 잘 모른다는 것이다. 인사 결정권이 기업의 인사부에 있는 한국 기업과 달리 내가 경험한 미국 IT 기업은 팀과 그룹에 필요한 인재는 각 팀과 그룹의 하이어링 매니저(Hiring Manager)가 고용한다. 즉, 인사 권한이 있는 하이어링 매니저들은 인사부 소속이 아니라, 엔지니어링 팀장 혹은 그 위 단계의 매니저들이다. 소프트웨어 개발자의 경력, 프로젝트에 대한 부분은 HR이 관여하지 않는다. 그러니 학교 커리어센터에서 내 이력서를 교정해 주셨던 예전에 HR에서 일하셨던 선배님들이 아무리 열심히 내 이력서를 교정해 주셔도 결국 소프트웨어 엔지니어 직군을 위한 이력서로써 나의 이력서를 제대로 교정하기에는 한계가 있었다. 나는 나 스스로 소프트웨어 엔지니어 직군에 목표를 두고 나의 이력서의 어떤 부분을 수정해야 하는지 알아내야 했다. 소프트웨어 엔지니어로서 경력이 단절된 채 몇 년간 살

앉던 나에게 그것은 쉬운 일은 아니었다. 어떤 테크 스택을 어떻게 강조를 해야 하는지 등의 부분들은 여전히 미궁이었다.

세상의 모든 정보를 다 찾을 수 있을 것 같은 구글에 아무리 이력서를 어떻게 써야 되는지를 검색해 봐도 전부 원론적인 이야기일 뿐 나에게 직접적으로 도움이 되는 팁은 찾을 수 없었다. 어쩌겠는가? 이력서의 기술적인 부분은 마땅히 도움받을 곳이 없어서 내가 한번 머리를 쥐어짜 보기로 했다. 곰곰이 생각해 보니 인턴을 지원하는데 한국에서 10여 년 일했던 나의 경력은 너무 길어 보였다. 줄이기로 했다. 그런데, 아무리 서양 사람들이 동양인의 나이를 가늠하기 어렵다고 해도, 나의 외모를 보면, 대학교를 갓 졸업했다고 하기에는 내 말의 신뢰성이 너무 떨어질 것 같았다. 그래서 내가 한국에서 마지막으로 일한 회사의 마지막 3~4년 정도의 경력과 현재 GA로 일하고 있는 경력만 남기고 모두 삭제했다. 한 장짜리 심플한 이력서를 만들었다.

여름이 지나자 슬슬 떠났던 학생들이 하나둘씩 돌아오고 가을학기가 시작되었다. 역시나 학기 초에 커리어페어가 열렸다. 업그레이드된 이력서에 열정을 눌러 담아 비장한 걸음으로 천천히 커리어페어에 들어갔다. 이번엔 적어도 꼭 리크루터에게 이메일 한 개는 받아야 한다고 다짐했다. 하지만, 나의 비장함과 불타오르는 열정과는 달리 내 이메일함은 여전히 차갑고 텅 비어 있었다. 이럴 수가? 진짜 이럴 수도 있나? 주변에는 이미 인턴을 했던 회사에서 오퍼를 받은 친구들도 많았고, 여러 회사들과 면접이 잡힌 친구들이 넘쳐났다. 슬슬 마음이 조급해지기 시작했다. 단 한 명도 나와 같은 처지에 있는 친구를 만나지 못했다. 나는 분명히 학과 친구들 바로 옆에 존재하고 있었지만 다른 차원의 세상에 존재하는 것 같았다. 나는 부끄럽고 창피해서 멋쩍은 웃음만 지을 뿐 내가 어떤 상태인지를 진짜 친한 친구 몇 명을 빼고는 다른 친구들에게 공유하지 못했다. 나는 나와 비슷한 처지의 학생들은 분명히 있었지만, 나처럼 숨겼을 것이라고 생각한다. 만약 이게 아니라면 정말 나만 비참해진다. 두 번째 커리어페어에서도 아무런 소식이 없었다. 나는 갈수록 더욱더 불안하고 초조해졌다. 찾아야 했다. 도대체 무엇이 문제인지 반드시 찾아야 했다. 이력서에 분명히 무슨 문제가 있는 것 같은데, 나는 어디를 어떻게 고쳐야 할지 여전히 전혀 몰랐다. 답답한 마음으로 하루하루를 초조하게 보냈다.

시간이 지나고, 또다시 새 학기가 찾아왔다. 나는 지속적인 불안함과 초조함을 견디지 못하고 날이면 날마다 쇠약해지고 있었다. 연속된 고배에 상심이 심해서 맘속에서는 또다시 열리는 커리어페어에 가고 싶지 않았지만 그래도 커리어페어에는 반드시 가야 했다. 어떤 부분을 고쳐야 할지 몰라 지난 가을학기에 사용했던, 어느 리크루터에게서도 아무런 응답을 받지 못했던 이력서와 비슷한 버전을 들고 터벅터벅 강당으로 들어갔다. 비참하게도 나는 여전히 세 번째 참석한 커리어페어 이후로 꽤 오랜 기간 동안 리크루터들로부터 이메일 한 통을 받지 못했다. 그런데, 학기 중반으로 치달을 무렵, 기적처럼 나도 리크루터로부터 이메일을 받았다. 연락이 온 회사는 아마존이었다. 그 메일은 정확히 온라인 인터뷰를 잡자는 이메일은 아니었고 온라인 인터뷰를 잡기 전에 온라인으로 능력 평가 시험(Online Assessment)을 보자는 이메일이었다. 온라인 능력 평가는 모든 회사들이 요구하지는 않는다. 온라인 능력 평가는 면접관과 대면을 하는 것이 아니라, 온라인으로 출제된 문제에 대해 코드를 작성해서 정해진 시간 내에 온라인으로 제출하면 된다. 그러면, 나중에 평가자가 제출한 코드의 품질을 보고 다음 단계인, 온라인 인터뷰를 잡든지 말든지 하는 것이다. 정확히 온라인 인터뷰는 아니었지만, 어쨌든 드디어 나도 그렇게 기다리고 기다리던 리크루터에게 이메일을 받았다는 사실에 하늘을 나는 것처럼 기뻤다. 어차피 여러 회사에서 오퍼를 받아도 최종적으로 내가 일할 수 있는 곳은 한 회사뿐이니 딱 한 개만 합격하면 되는 것이다. 추가 이메일이 오기 전에 되도록 많은 리트코드를 풀어야 했다. 제대로 인터뷰 준비를 하려면 문제의 출제 의도를 파악해 가면서 개념을 숙지하고 문제를 풀어야 했지만, 촉박한 준비시간 때문에 시간이 오래 걸리는 어려운 문제들은 그냥 솔루션을 보고 외웠다. 그런데 어찌 된 일인지 추가 이메일로 온라인 평가 링크를 주겠다던 리크루터의 이메일은 오지 않았다. 리크루터의 심기를 최대한 건드리지 않는 선에서, 일주일에 한 번씩 정중하게 이메일을 보냈다. 이메일 내용은 나는 준비가 되어 있는데 온라인 평가 링크는 언제쯤 공유할 거니, 였다. 1주가 지나도 답이 없었다. 2주가 지나고 3주가 지나도, 답이 없었다. 내가 거의 반쯤 미쳐 돌아버릴 즈음에 그 리크루터로부터 이메일 한 통이 왔다. 내용은 이랬다. 자기가 온라인 평가 링크를 보내려고 했을 때, 마침 회사에서 인턴에 할당된 정원을 다 뽑게 되어, 이번에는 링크를 보낼 수가 없으니, 자기가 나의 이력서를 잘 보관하고 있다가 자리가 생기면 그때 다시 나에게 연락을 주겠다는 것이었다. 정말 간절하게 기다렸던 터라 화가 많이 났다. 아니, 그런 일이 있었다면, 나에게 진작에 이야기를 해 줄 것이지, 장장 몇 주나 이렇게 사람을 피 말리며 살게 하다니 부아가 났다. 그래도 맘처럼 화를 낼 수는 없었다. 미국에서는 항상 쿨한 사람이어야 한다. 아쉽지만 다음을 기약한다며 현실 세계에선 볼품없고, 찌질했지만 이메일에서만큼은 완전히 쿨한 사람처럼 답신을 보냈다. 이렇게 또 봄학기가 지나갔다.

내가 끝낼 때까지 끝난 게 아니다

❖

두 번째 여름방학도 첫 번째 여름방학처럼 GA로 일하면서 학생 소프트웨어 개발자로 일했다. 나약해질 대로 나약해져 버린 나의 유리 멘탈을 부여잡고 하루하루를 간신히 버티며 지냈다. 정말로 회사 갔다 오면 불안해서 뭐 하나에 집중하지 못하고 어영부영 보냈다. 그렇게 여름방학이 지나가고, 드디어 마지막 학기가 왔다.

엔지니어링 분야에서 아직도 소수인
여성 엔지니어를 위한 컨퍼런스

Grace Hopper Celebration of Women in Computer Science(GHC)는 컴퓨터과학, 컴퓨터공학 등의 분야에서 아직도 소수인 여성 엔지니어들을 위한 컨퍼런스다. 여기서 잠깐, GHC가 여성 엔지니어들만을 위한 컨퍼런스라고 불공평하다고 생각할 수 있는 남성 엔지니어들에게 한 가지 설명을 하겠다. 미국사회는 사람의 성과 상관없이 소수 그룹에 대해 지원(Affirmative Action)을 해주는 시스템이 있다. 가장 쉽게 찾아볼 수 있는 예는, 미국대학 지

JUST TRY IT
해보니 되는구나

원 시 지원자의 인종은 입력사항 중 하나인데, 지원자의 인종에 따라 다른 입학 기준이 부여된다고 생각하면 된다. 이것은 인종에 따라 입학률이 다르기 때문에 이 차이를 해소하고자, 각 대학은 인종에 따라 다른 기준을 적용해 합격자를 선발한다. 예를 들면, 흑인 혹은 멕시칸 학생의 경우 대학 입학률이 현저히 낮아서 같은 점수를 받아도 흑인과 멕시칸 학생들에게 더 관대한 기준이 적용된다고 한다. 이와는 반대로 아시아인의 경우에는, 대부분 시험 점수가 타의 추종을 불허하므로, 다른 인종의 학생들에 비해 상대적으로 엄격한 기준이 적용된다고 한다. 즉, 우리는 우리들이 서로 너무 잘해서 미국대학 입학 시 더 높은 점수가 요구되는 것이다. 몇 년 전에 UT Austin에 지원했으나 낙방한 어떤 백인 학생이 흑인과 비교하여 자신은 더 불리한 기준을 적용받았다며 헌법소원을 낸 적도 있다. 여기에서는 미국의 소수 인종과 그룹에 대한 지원(Affirmative Action)이 맞다 틀리다, 지지한다 반대한다는 논쟁을 하는 자리는 아니니 이것에 대한 논쟁은 패스하겠다. 미국에는 이러한 지원이 존재하니 받아들이고, 혹시 준비를 더 해야 되는지, 아니면 이용할 것이 있으면 이용해야 한다. 이처럼 미국사회가 장려하는 소수 인종과 그룹에 대한 지원에 발맞춰, 많은 기업들도 마찬가지로 소외된 지원자들에게 공평한 기회를 보장하기 위해 이바지하고 있다. 여성의 사회진출이 자연스러운 미국이지만 아직도 엔지니어링 분야에서 여성 엔지니어들은 소수이다. 따라서, 미국에 있는 거의 모든 기업들이 이 소수 인종과 그룹에 대한 지원 중 하나인 GHC에 참여한다. GHC에서는 IT에 관련된 다양한 키노트, 프레젠테이션을 공유하고, 더불어 여성 연구원 및 엔지니어들을 컨퍼런스에 참여한 회사들과 연결을 해준다. GHC 이전에 다른 2~3개의 컨퍼런스를 가보았지만, GHC의 규모는 압도적이었다. 컨퍼런스의 기간이 총 3박 4일임을 감안하면 그 규모를 가늠할 수 있을 것이다.

내가 다니고 있던 학교에서는 공대의 여학생들을 선발하여 GHC에 갈 수 있도록 지원해 주었다. 교통비, 식비, 호텔비 등의 경비와 비싼 컨퍼런스 참가비까지 지원하였다. GHC는 가을에 열리는데, 나는 마지막 학기, 두 번째 가을학기가 되어서야 이런 고급 정보를 알았다. 운 좋게 마지막에 가까스로 학교에 GHC 참가신청은 했지만, 너무 늦게 지원해서인지 안타깝게 선발은 되지 못했다. 정보에 어두운 내 탓이었다. 하지만, 마지막 학기에 취업도 못 한 상태에서 마냥 손 놓고 있을 수는 없었다. 담당자에게 이메일로 통사정을 했다. 내 학번은 이것인데, 마지막 학기인데도 아직도 취업을 하지 못한 상태다. 취업을 못 하고 졸업을 하게 되면 나는 고향으로 돌아가야 한다. 미국에서 진심으로 일해보고 싶다. 혹시 예산이 남아 있거나 누군가 개인 사정으로 컨퍼런스를 취소하게 되면 반드시 나를 기억해 달라고 보냈다. 절실한 마음에 아무것도 안 하면 후회할 것 같아서 하긴 했으나, 선발도 이미 끝난 마당에, 누가 이런 좋은 기회를 취소 하겠나 싶었다. 그런데, 누구에게나 사정은 있다. 누군가가 취소를 했고, 덕분에 내가 대신 가게 되었다. 학과에서도 없는 예산을 아껴서 되도록 많은 학생들을 지원해 주려고 하였고, 학생들도 신청을 하고 만약 가지 못하게 된다면 학과에 큰 민폐가 되는 것을 알고 있으니, 피치 못할 사정으로 컨퍼런스에 못 가게 되는 학생들은 바로바로 담당자에게 알려주었다. 대학도 더 많은 학생들을 지원해 주기 위해 부담이 되는 컨퍼런스 입장료(2022년 기준 일반입장 – 한 사람당 약 $1300, 약 150만 원) 외 다른 비용은 많이 아꼈다. 2개의 퀸사이즈 침대가 있는 호텔 방에 4명의 여성 학우들과 침대를 같이 사용하며 3박 4일을 생활하는 것은 내가 대학 때 갔던 MT를 떠올리기에 충분했다. 미국에서 가족이 아닌 사람과 한 침대에서 자다니. 신기한 경험이었다.

복사용지 1팩 분량의 이력서를 뽑아 들고, 반드시 내가 가져간 이력서를 다 돌리리라 굳게 다짐하며 GHC에 갔다. GHC에 가기 전에는 참 말도 안 되는 이야기라며, 어떻게 이렇게 많은 이력서를 다 돌리나 했는데, 컨퍼런스 중간에 준비해 간 이력서가 모자라서 호텔 비즈니스센터에 가서 A4 반 팩 정도를 더 뽑아야 했다. 그만큼 GHC는 규모가 컸다. 기업들뿐만 아니라 학교들도 부스가 있었다. 학교에서 지원을 받아 컨퍼런스에 참석한 학생들은, 학교 부스에서 자리를 지키며, 학교에 관심이 있는 사람들에게 학교에 대해 설명하는 booth duty를 해야 했다. 나는 booth duty를 제외한 나머지 시간은 세계적으로 유명한 발표자의 키노트나 프레젠테이션을 듣는 데 소비하지 않고, 오로지 취업할 목적으로 회사 부스들을 하나도 놓치지 않고 모두 방문했다. 이번에는 학교 커리어 페어에서처럼 홍보품에 목숨을 걸지 않았다. 컨퍼런스 한편에는 회사들이 컨퍼런스에서 마음에 드는 지원자와 바로 면접을 볼 수 있도록 간이 면접장이 마련되어 있었다. 나는 내가 뿌린 이력서의 숫자에 비하면 한참 미약한 단 한 개의 회사로부터 컨퍼런스에 마련된 면접장에서 면접을 보자는 제안을 받았다. 예상했던 숫자보다 적었지만, 다행히 한 개라도 건졌으니 어디냐 싶었다. 그 회사는 Apple이었다. 내가 보았던 모든 면접 후기는 다음 장에 상세히 기록해 두었다. Apple을 제외한 나머지 회사들에게서는 한 개도 연락받지 못한 채, GHC를 떠나야 했다. 결과야 늘 그랬듯이 똑같았지만, GHC에 참여했던 것 자체가 나에게는 큰 경험이었다. 다음에도 기회가 된다면 또 가고 싶다.

톰 행크스는 라이언 일병 구하기, 나는 추천인 일명 구하기 작전

그래 미국에선 추천이 중요하지 않았던가? 원치 않는 방법이었지만 없는 주변의 인맥을 쥐어짜 보기로 했다. 막다른 골목이었다. 마지막 학기인 만큼 내가 할 수 있는 모든 방법을 총동원해야 했다. 미국 회사로 구직에 성공한 졸업생들 중 그래도 안면이 있는 몇 명한테 연락을 해보기로 했다. 아무래도 인턴십도 못 해봤던 나의 경력 때문이었는지 초반에 부탁했던 선배님들은 다들 다소 냉소적이었다. 나와 같은 경력과 내가 가진 능력으로는 한국보다 경쟁이 더 치열한 미국에서 취업할 수 없으니 그냥 가족이 있는 한국으로 돌아가라고 했다. 마음이 아팠다. 어차피 졸업 후 취직이 안 되면 한국으로 돌아가야 하지 않는가? 굳이 졸업도 하기 전에 이렇게까지 친절하게 나의 미래를 결정지어서 이야기해 줄 필요는 없었는데 말이다. 한번은 한국인 컴퓨터학과 유학생 메일링 그룹으로 자신이 일하는 부서에서 인턴과 풀타임 직원을 뽑으니 관심 있는 사람이 있으면 지원해 보라는 이메일을 받았다. 옳다구나 하며 해당 포지션과 관련된 이런저런 과목을 들었으며, 뽑아만 주시면 열심히 하겠다고 바로 회신을 보냈다. 하지만, 나와 같은 사람은 적합하지 않은 것 같다며 바로 거절당했다. 내가 많이 부족하다는 것을 받아들이고 마지막 지푸라기라도 잡고 싶은 심정으로 이메일을 보냈기 때문에 그때는 상심이 그리 크지 않았었다. 하지만 다른 친구한테는 그 선배님께서 한번 지원해 보라고 했었다는 소리를 전해 들었을 땐, 가슴 한편이 좀 쓰렸다. 이번에는 최후의 보루로 남겨두었던 분에게 연락해 보기로 했다. 이분은 내가 대학원에 입학하기 전에, 일단 대학원에 입학하기만 하면 모든 게 다 잘될 것이라며, 장두 씨가 나를 막 꼬실 때 자주 들먹였던 장두 씨의 먼 친척분이었다. 그분은 한국에서 바로 미국 회사로 스카웃되어 미국 회사에서 성공적인 엔지니어로 일하고 계셨다. 장두 씨가 나의 이력서를 건네며 추천을 부탁했지만, 그냥 한국으로 돌아가라며 빠르게 거절당했다고 장두 씨가 전해줬다. 나는 그동안 겪어온 일들로 이미 어느 정도 예상은 했지만, 장두 씨는 이런 결과를 전혀 예상하지 못했었던 눈치였다. 이번에는 나보다 장두 씨가 더 속상해했다. 나중에 부탁한 선배님들 중 한 분이 Front-end engineer 포지션에 추천을 해주셨고, 감사하게도 포지션에 대한 자세한 정보도 주었다. 온라인 면접까지 갔으나, 온라인 면접에서 광탈했다. 그런데 광탈이면 어떤가 음홧홧! 이제 나는 온라인 면접까지 경험해 본 사람이 되었는데.

나는 해보기로 한 것에 대해서는 열정적으로 불사르지는 않더라도, 중간에 포기하지는 않는 편이다. 이 점은 나의 한계이자 장점이다. 외로워서 슬퍼서 울어도 끝날 때까진 끝난 게 아니니까. 천천히라도 끝까지는 간다. 어찌저찌 하여 온라인 면접까지 가보니 상당히 자신감이 회복되었다. 마지막 학기에는 대학원 졸업 전까지 몇몇 알만한 회사들과 온라인 면접을 보았고, 운 좋게 대부분의 온라인 면접은 합격을 했고, 온사이트 면접까지 갔다 왔다. 워싱턴주 벨뷰, 캘리포니아 베이지역, 그리고 뉴욕시티. 비록 최종합격한 곳은 하나도 없었지만, 나의 온사이트 면접의 자세한 후기를 참고해서 여러분은 반드시 일찍 구직에 성공하길 바란다. 이 못난 늦깎이 아줌마처럼 길게 맘고생 하지 않기를 진심으로 바란다.

JUST TRY IT
해보니 되는구나

졸업을 하기 전에 어디라도 한 군데 취업이 되어야 하는데 어느 한 회사에도 합격을 못 해서 마음이 초조하고 조급해졌다. 그래서 내가 GA로 일하고 있던 회사의 매니저에게 졸업 후에도 그 회사에서 일하고 싶다고 제안을 했다. 적당한 연봉에 비교적 한가한 회사 업무는 나의 삶의 모토 '선량한 한량'에 아주 걸맞아 보였다. 그런데, 나의 매니저는 긍정적인 대답을 했지만 아쉽게도 100%는 아니었다. 한 80% 정도? 추가적인 정직원 고용에 대한 정당성을 제시하고, 그에 맞는 예산도 확보해야 했기에 나의 매니저도 나의 제안에 당장 확실하게 대답을 줄 수 있는 입장은 아니었다. 때마침 새롭게 트럼프 정부로 교체되던 때라 학교에서 신규 채용에 대해 일시 정지하라는 통보가 왔다고 했다. 아무래도 주립대학의 부속기관이다 보니, 사기업처럼 정원이 많은 것도 아니었고, 우리나라로 치면 대학교 교직원과 비슷한 직군이었는데, 추가 정원을 확보하기까지 여러 난관이 있다는 것은 쉽게 짐작할 수 있었다. 내가 마지막으로 믿고 있었던 자리였는데 이것마저 나를 저버리면 어쩌나 걱정이 되었다. 만일 내가 미국인이었거나 졸업 후에도 미국에 체류할 수 있는 신분이 있었다면, 졸업 후 조금 쉬면서 기다렸다가 자리가 생기면 출근하면 되었지만, 외국인 신분으로는 비자문제가 걸려 백수 상태로 무작정 기다릴 순 없었다. 이렇게 나는 2번이나 인턴십을 할 수 있었던 여름방학을 거치고도 인턴십 경험 한 번 없이 끝끝내 취직도 못 하고 쓸쓸히 대학원을 졸업하게 되었다.

Rise like a Phoenix from the Ashes

[사진9] 저자의 졸업사진

[사진10] 졸업식 때 저자와 영어 회화 파트너이자 친구인 데빗

학사모를 쓰고, 졸업 가운을 입고 빛나는 졸업장을 수여받았다. 이순신 장군님에게 아직 12척의 배가 남아 있었듯이, 졸업을 한 나에게도 아직 미국에서 구직을 할 수 있는 90일의 시간이 남아 있었다. 엉겁결에 큰 환대를 받으며 미국인 친구 집에 머무르게 되면서 점차 마음의 안정을 찾아갔다. 나는 매일 아침 학교 도서관에 출근해서 내가 찾은 모든 취업 공고에 온라인으로 지원을 하고, 남는 시간에 리트코드를 계속 풀었다. 이번에는 학교 다닐 때와는 달리 리트코드를 풀다가 모르는 개념이 있으면, 온라인에서 해당

JUST TRY IT
해보니 되는구나

자료를 찾아서 공부했다. 유튜브, MIT Open course, Coursera 등 무료지만 수준 높은 좋은 자료들은 온라인상에 무궁무진하게 많았다. 한번은 도서관에서 이어폰을 끼고 강의를 틀자마자, 누군가 나를 툭 치면서 어이없다는 식으로 바라봤다. 나 또한 전혀 밀리지 않고 '넌 뭔데?'라는 시선으로 올려다봤다. 내 이어폰이 컴퓨터에 제대로 연결이 되어 있지 않아서 내가 듣고 있던 온라인 강의가 도서관 전체에 울려 퍼지고 있었다는 것을 알아차리는 데 그리 오랜 시간이 걸리지 않았다. 이어폰을 꼈는데도 너무 생동감 있게 잘 들려서 내 이어폰에서 소리가 나는 줄 알았다.

온라인으로 지원한 공고가 200여 개가 넘어가도 리크루터들에게 연락이 오지 않았고, 올 기미도 안 보였다. 분명히 나의 이력서에 어떤 문제가 있었다. 여전히 잘은 모르지만 연락이 안 오니까 내 나름대로 이력서도 수정하고, 링크드인 프로필도 리크루터의 눈에 잘 띌 수 있도록 수정했다. 그러던 어느 날, 2년 동안 내가 유학했던 도시에 있는 줄도 몰랐던 작은 소프트웨어 회사가 학교로 취업 설명회를 하러 온다는 것이다. 그 회사는 시골 마을에 오피스가 있으니, 타지에서는 아무도 굳이 오려 하지 않을 것이므로, 우리 학교 졸업생 중 도시를 떠나지 않을 몇 명의 소프트웨어 엔지니어를 고용하려고 했다. 나는 그동안 4번의 커리어페어와 GHC에서 이력서를 좀 뿌려본 경험으로 이런 취업 설명회에 많이 익숙해져 있었다. 이력서를 뽑아 들고 취업 설명회 시간에 맞춰 학교에 간 나는 기계적으로 대충 실무자로 보이는 엔지니어와 몇 마디를 주고받고 나의 이력서를 건네주고 집으로 돌아왔다. 며칠 뒤 그 회사로부터 이메일이 왔다. 온사이트 면접에 오라는 것이다. 졸업하고 취업도 못 한 마당에, 가릴 것이 무엇이냐. 넙죽 가서, 면접을 봤다. 작은 회사여서 그런지 온사이트도 1개의 코딩 인터뷰 세션이 다였다. 나는 한 달여 동안 매일매일 학교에 출근해서 리트코드에 있는 코딩 문제를 풀고 있었고, 다행히 코딩 인터뷰에서는 아는 문제가 나와서 잘 마무리했다. 결과는 믿어지지 않게 합.격.이었다. 진짜인지 믿어지지 않아 어안이 벙벙했다. 드디어 내가 최종합격을 한 것이다. 내가 미국에서 구직에 성공했다. 진짜 말로만 듣던 '오퍼레터'를 처음으로 받아보았다. 대학원을 다니며 절대 안 될 것 같아서 내가 스스로 내 자신을 모질게 부정하고, 의심하며 내 자신을 초라하게 만들었던 길고 길었던 약 2년 동안 나의 미국에서 취업 도전기가 이렇게 성공적으로 끝났다. 아직도 최종합격 통지를 받은 그날은 내 인생에서 손꼽히는 아주 짜릿한 날들 중의 하나이다. 그 기분은 마치 어릴 적 봤던 만화 속에서 주인공들이 모든 희망이 사라졌다며, 이제 그만 포기하려 했을 때, 저 멀리 먼지 속에서 불사조가 날아오르는 것을 본 순간 느꼈던 아주 통쾌한 기분이었다.

취업 허가 카드 EAD
(Employment Authorization Document)

기분 좋은 것도 잠시 또 다른 악몽이 시작되었다. 나의 EAD(Employment Authorization Document) 카드가 반송되었다. EAD 카드는 취업 허가 카드로 미국에서 학위를 받아, USCIS에서 OPT 허가가 나면 미국에서 취업이 허가되었다는 증거로 EAD 카드를 받게 된다. 나의 경우는 이 EAD 카드를 반드시 소지한 경우에만 회사에 나가 일을 시작할 수 있었다. 다시 한번 말하지만 비자와 관련된 정보는 내가 취업을 했을 당시 기준 정보이며, 항상 공식 홈페이지에서 정확한 정보를 업데이트해야 한다. 지난 2020년 미국 대선에서 트럼프가 미국 우편 서비스(USPS)를 못 믿는다고 했는데, 나는 USPS에서 우편물이 분실된 적은 없지만, 아무래도 나라가 크다 보니 배송은 우리나라처럼 빠른 편은 아니었다. 학교를 졸업한 후 당시 살고 있던 학교 아파트를 나와야 했기에 나의 EAD 카드가 예전에 살던 학교 아파트로 배달이 되었다가 반송 처리되었다. 이 사실을 알아내는 것도 쉽지 않은 여정이다. 미국에서 비자를 진행해 보신 분은 다들 아시겠지만 USCIS 에이전트와 통화가 연결되기까지 정말 많은 인내심이 필요하다. 연결된 에이전트를 통해서 알게 된 사실은 EAD 카드가 반송이 되면, USCIS는 반송된 카드가 다시 USCIS로 돌아올 때까지 기다린 후에, 다시 EAD 카드를 새 주소로 발송한다는 것이다. 새 카드인지, 같은 카드인지 정확히는 모르겠다. 여기서 중요한 것은 혹시라도 반송되는 중에 카드가 분실되어 USCIS로 돌아가지 못하는 날에는 아주 골치가 아파진다는 것이다. 미국에서 외국인에게 비자에 문제가 생기는 것은 미국을 떠나야 할지 말지의 문제이다. 잘 진행되면 별거 아니지만, 한번 프로세스가 엉켜버리면 그 엉킨 실타래를 풀기까지 그깟 카드 하나 때문에 미국을 떠나야 할지도 모른다는 불안감에 상당한 마음고생을 해야 한다. 다행히 내 EAD 카드는 전미 순회공연을 했는지 장장 20여 일을 걸려 USCIS에 성공적으로 반송이 되었다. USCIS 홈페이지에서 카드가 재발송이 되었다고 상태가 변경된 후 4일 정도 후에 카드를 받았다. 그때 당시 기준으로 OPT 신청 후 평균 90일 안에 EAD 카드를 받을 수 있었는데, 나는 한 달을 더 걸려 120일 정도 걸려서 받았다. 그 한 달 동안 내가 미국에서 불법체류 했다며 FBI에게 강제로 쫓겨나는 꿈을 여러 번 꾸었다. 비자문제는 외국인 노동자들에게는 상당히 민감하고 두려운 문제다.

합격한 회사에 EAD 카드가 아직 오지 않은 나의 사정을 말하고 간절한 마음으로 기다려 달라고 했다. 근데 미국 회사는 이런 사정이 있으면 이 정도는 보통 기다려 준다. 회사에 합격을 하고 나니 내 삶이 한결 편안해졌다. 더 이상 알고리즘, 자료구조, 시스템 아키텍처와 같은 따분한 인터뷰 문제를 공부 안 해도 되니 너무 좋았다. 무엇보다 제일 좋았던 것은 코딱지만 하게 작아졌던 나의 자존감이 조금은 회복되었다. 내가 나 자신을 바라보는 시선도

너그러워지고, 내 삶의 만족도도 높아졌다. 다시 삶의 풍류를 조금씩 알아가고 있었다.

그런데 어느 날, 익숙한 회사의 리크루터가 링크드인 메신저로 이야기를 하자고 메시지를 보내왔다. 리크루터가 먼저 나에게 메시지를 보내다니 여태까지 이런 경우는 처음 있는 일이었다. 조금 당황스럽기도 하고 일단 경험을 해봐야 할 것 같아서 나는 그 회사에 대해 아무것도 모르는 척 리크루터와 대화를 했다. 그 리크루터는 나에게 익숙한 그 기업이 한국에서 아마존과 같이 되기를 꿈꾸며 온라인 쇼핑사업을 하는 기업이라고 소개했다. 미국 실리콘밸리에 지사가 있으니 온라인 인터뷰를 잡아 보자고 했다. 나는 한국에 있을 때, 그 회사 서비스를 애용하는 사용자였고, 또, 한국의 뉴스에 자주 나왔던 회사여서 그 회사에 대해서 웬만한 배경지식을 갖고 있었다. 아이러니하게도 리크루터와 대화를 하다 보니, 그 회사에 대한 배경지식도 리크루터보다 내가 더 많이 아는 것 같았다. 이 때문인지, 갑자기 자신감이 상승했다. 며칠 코딩 인터뷰 공부를 손 놨다고 해도 왠지 인터뷰가 잘될 것 같았다. 온사이트 면접은 인턴십 구할 때 경험하지 못해서 앞에서 자세하게 설명하지 못했지만, 이전에 어떻게 인턴십을 구하는지 소개했을 때 언급했던 온라인 인터뷰를 하는 것과 비슷했다. 이때는 이미 온사이트 면접을 당당히 경험한 시점이므로, 자세하게 설명해 보겠다.

두 번째 관문: 온사이트 면접

코로나 팬데믹 이전에는 온사이트 면접은 회사가 온라인 면접을 합격한 지원자를 회사로 초대해서 지원자가 회사에 진짜 필요한 인재인지 여러 차례에 걸쳐 여러 방면으로 대면 면접을 실시하는 것을 말했다. 하지만, 코로나 팬데믹 이후에는 더 이상 지원자를 회사로 초대하는 것은 할 수 없었기 때문에, 4~6세션의 온라인 인터뷰로 대체되었다. 코로나가 완전히 사라지게 되고, 다시 오피스에서 근무를 시작하게 되더라도, 지원자를 다시 회사로 초대할지는 의문이다. 온사이트 면접은 회사에서 지원자를 초대하는 것이므로 모든 경비를 회사가 전부 지원한다. 회사마다 규정은 조금씩 다르지만 비행기 티켓, 호텔비(보통 1박, 최대 2박), 교통비와 식비가 기본적으로 제공한다. 실리콘밸리는 물가가 비싸서 호텔비는 그때 당시 보통 $250~350 정도 했다. 호텔비라고 말했지만, 사실은 우리가 상상하는 6성급 호텔이 아니고, 약간 고급스러운 인(inn)이다. 회사와 가까운 곳에서 살고 있는 지원자가 아니라면, 보통은 1박 2일 일정이다. 면접 전날 도착해서 하루 자고, 다음날 오전에 면접을 보고 점심을 먹은 후 오후 비행기로 집으로 돌아가는 스케줄이다. 무슨 면접에 1박 2일까지 쓰냐고 좀 오바한다고 할 수 있지만, 1박 2일 일정은 참 **빡빡한** 일정이다. 나는 실리콘밸리에서 비행기로 환승 시간까지 포함하여 약 7시간여 떨어진 도시에 살고 있었다. 환승 스케줄이 잘 안 맞으면 8시간, 10시간 걸린다. 가끔

JUST TRY IT
해보니 되는구나

비행기 스케줄을 레드아이(red-eye, 밤에 출발하는 비행기)로 예약해 주는 경우도 있었는데, 늦깎이 아줌마는 나이가 있어서 그런지 레드아이로 가면 너무 피곤해서 인터뷰를 잘 볼 수가 없었다. 그래서 그때는 리크루터에게 이야기해서 면접 2일 전에 도착한 적도 있었다. 그러면 2박 3일 일정이 된다. 그리고 식비는 삼시 세끼 식비를 실비로 정산해 주거나, per diem이라고 기프트 카드와 비슷한 것을 준다. 즉, 만약에 $100이 per diem이라면 하루에 $100의 용돈을 주고 지원자가 그 안에서 알아서 사용하는 것이다. 즉, 식비를 아꼈다가 한도 내에서 나중에 다른 것을 살 수도 있다. 나는 실비로 정산해 주면 실속 있게 아침, 점심, 저녁을 최대한 평소에 먹을 수 없는 고급스러운 것을 먹었고, per diem으로 받으면 최대한 저렴한 음식을 먹었다. 처음에는 실비로 정산을 해주는 것이 좋았지만, 나중으로 갈수록 per diem이 더 좋아졌다. 비행기 티켓값과 호텔비 등 기타 경비를 다 따지면 $1,000은 가뿐히 넘는다. 아직 합격도 하지 않은 지원자에게 회사가 이 정도 투자를 하는 것이니 정말 황송할 따름이다. New grad(갓 학교를 졸업한 사람, 졸업예정자)를 위한 취업 이벤트는 면접 외에도 초대된 지원자들에게 회사를 홍보도 한다. 주로 면접이 끝난 후에 회사에 대한 안내를 들으며 회사 캠퍼스 투어도 하고, 회사로부터 소정의 기념품(주로 회사 로고가 찍힌 티셔츠)도 받는다. 하지만 경력직으로 면접을 본 지원자들을 위해서는 New grad처럼 여러 이벤트가 기획되지 않는다. 미국은 한 나라이지만 땅이 커서 미국 내에서도 3시간의 시차가 있기 때문에 실리콘밸리가 있는 미국 서부와 시차가 있는 경우에는 흐트러진 바이오리듬에 굴하지 않고 면접에 임해야 한다.

온사이트 면접은 보통 쉬는 시간 없이 4~6세션으로 구성되는데, 나는 4세션으로 구성된 면접을 제일 많이 보았다. 높은 레벨로 인터뷰를 볼수록 리더십에 관한 세션이 추가된다. 어떤 회사는 하루 종일 면접을 보며 지원자를 고문하는 회사도 있었다. 초반에 취업을 못 했을 때에는 제발 이 회사라도 나를 뽑아만 준다면 기꺼이 가겠다는 간절한 마음이었지만, 취업을 한 뒤에는 어느 정도 여유가 생겨서 그런지 이런 회사는 만일 합격하더라도 가지 말아야지 하고 생각하게 된다. 면접은 회사가 지원자를 일방적으로 평가하는 것이라고 생각하기 쉽지만, 지원자도 면접을 통해 회사를 평가한다.

미국은 상시 채용을 하므로, 지원자는 여러 개의 오퍼를 동시에 받을 수 있다. 한국에서 나의 오래전 면접 경험에 비추어 보면, 옛날에는 동종업계 기업들이 최종 면접일을 동일한 날로 잡는 경우가 많았다. 이런 경우에는 회사에 최종합격을 하기도 전에 겹치는 날에 면접을 보는 회사들 중 한 회사만 선택해서 면접을 가야 했다. 이런 사정으로 지원자가 면접을 가지 못하게 되면, 지원자는 면접을 보지도 못하고 자동으로 탈락되는 시스템이었다. 지금은 어떤지 모르겠다. 지원자에게 더 많은 선택을 보장하도록 개선 되었을 것이라 믿는다. 미국은 이처럼 동시에 여러 개의 오퍼를 받을 수 있는 능력 있는 지원자를 회사에 유치하기 위해 회사도 지원자에게 회사에 대한 좋은 인상을 주려고 노력한다. 또 지원자는 온사이트 면접 다음 단계인 회사와 연봉 협상에서 유리한 위치를 선점하기 위해 동시에 여러 개의 오퍼를 받을 수 있도록 면접 스케줄을 몰아서 잡는다. 카운터 오퍼(다른 회사에서 받은 오퍼)가 제일 좋은 연봉 협상 카드이기 때문이다.

온사이트 면접은 코로나 이전에는 초대된 회사의 회의실(conference room)에서 화이트 보드에 기술면접을 보는 것이다. 하지만, 코로나 발병 이후에는 전화 인터뷰와 같이 온라인으로 진행되고 있다. 코딩 인터뷰 시에 면접관에게 좋은 인상을 주려면, 주어진 문제를 풀기 위한 코딩을 하고, 정확히 작성된 코드가 작동하는지 테스트 케이스도 만들어 확인하면 좋다. 특히 코너케이스가 있는 경우 언급을 해주고, 자신의 코드에서 어떤 식으로 처리를 해주었는지 말해주면 좋다. 더불어 자신이 짠 코드가 어떤 속도로 얼마만큼의 메모리를 사용하여 실행되는지에 대한 분석도 추가하고, 시간이 허락하는 선에서, 코드를 최적화시키기 위한 방법을 제시하면 금상첨화다.

제출된 문제에 맞게 동작하는(working) 프로그램을 작성해야 하는 것만큼 중요한 인터뷰 팁이 있다. 내가 작성한 코드가 어떤 식으로 돌아가는지 면접관에게 '잘' 이해시켜야 한다. 명심해야 할 것은 나의 인터뷰 결과는 나를 면접한 면접관의 판단에 의해 좌지우

지된다. 다시 말해서 나만 이해하고 있는 완벽한 코딩은 나에게만 의미가 있을 뿐이다. 아무리 내 코드가 완벽해도, 면접관을 이해시키지 못하고 면접관과 교감을 하지 못하면 그것은 아무런 소용이 없다.

나에게 연락을 한 리크루터도 실리콘밸리에 있는 회사에 나를 초대하고자 비행기를 예약하기 위해 가까운 공항을 물어봤다. 워낙 시골이라 한 번에 가는 비행기는 없었고, 근처 큰 도시에서 환승을 해야 했다. 일이 어떻게 되려는지, 리크루터는 왕복 항공권이 너무 비싸서 나를 회사로 초대를 할 수 없다고 했다. 이미 가기로 한 회사도 있었고 해서 미련 없이 그냥 포기했다. 그런데 나중에 다시 연락이 와서는 온사이트 면접을 온라인으로 하자고 했다. 면접은 총 4세션으로 구성되었다. 3개는 기술면접이었고, 나머지 한 개는 인성면접이었다. 그동안 리트코드 문제를 100여 개 풀어서였는지 몰라도 인터뷰에서 물어보는 문제는 어렵지 않았다. 그런데 4시간가량 쉬지 않고 온라인으로 인터뷰를 하다 보니 나의 집중력에도 한계가 왔다. 내가 진심으로 사랑하는 장두 씨와도 이렇게 오랫동안 전화 통화를 해본 적이 없었다. 인터뷰의 마지막 세션에서는 나의 집중력이 현저히 떨어졌다. 지금이야 코로나로 인해 장장 2년 동안 재택근무를 하면서 온라인으로 하는 연속된 미팅에 익숙해졌지만, 그때는 아니었다. 다행히 인터뷰의 결과는 운 좋게 합격이었다. 오~ 갑자기? 2개가 연달아서? 신기하고 믿기지 않았지

만 기분은 좋았다. 마치 꽉 막혀 있었던 나의 운이 확 풀리는 기분
이랄까? 이렇게 쉽게 두 군데가 될 거였는데, 대학원 다닐 때는 왜
이렇게 한 개도 되지 않고 애만 태웠던 거니.

늦깎이 아줌마가 추천하는
미국 IT 기업 온사이트 코딩 인터뷰 진행 방법

* 코딩 문제
첫째, 우선 그 문제가 무엇을 묻는지 제대로 이해한다. 모르면
질문한다.
둘째, 그 문제를 풀기 위한 접근 방법을 면접관에게 잘 설명한다(제일
중요).
셋째, 위에서 설명한 대로 코딩을 작성한 후, 다시 한번 면접관과
교감한다.
넷째, 적당한 테스트 케이스를 찾아 코드를 돌려보며 면접관에
다시 한번 설명한다. 코너케이스를 언급한다.
다섯째, 자신이 짠 코드에 대하여 시간과 메모리 사용량을 분석한다.
여섯째, 혹시 코드를 최적화시키는 방법이 생각나면, 면접관에게
공유하여 추가점수를 얻는다.

* 시스템 디자인 문제
시스템 디자인 문제는 IT 분야에 따라 범위가 다양해서 정형화된
방법을 제시하기 어렵다. 그리고, 문제로 출제되는 시스템 자체도
상당한 규모가 있어서 먼저 전체적인 빅 픽처를 제시하는 것이
좋다. 면접관에게 대략적으로 디자인에 대해서 설명을 하고
면접관의 반응을 살피며, 대략적으로 면접관이 무엇을 자세하게
알고 싶은지를 파악을 한다. 파악이 되면 그 부분에 대한 이야기를

좀 더 구체적으로 이야기한다. 파악이 되지 않으면, 일반적인 시스템에 대해서 이야기한다. 요즘은 백앤드 개발자라면 분산시스템에 대해서 주로 물어본다. educative.io의 Grokking the System Design Interview, Designing Data Intensive Applications, System Design An insider's guide가 많은 도움이 되었다. 깊게 공부하는 것도 좋지만, 이해가 되지 않고 어렵더라도 자료를 여러 번 읽어 자주 사용되는 용어와 개념에 익숙해지는 것만으로도 충분히 가치가 있다.

실리콘밸리로 가는 길

$\Leftrightarrow$

두 번째 회사까지 합격할 동안 나의 EAD 카드는 USCIS로 반송되는 길을 헤매고 있었다. 아직 시간이 있었기에 어느 회사로 가야 하나 고민을 했다. 도대체 어디로 가야 하나? 두 번째로 합격한 회사를 가자니 지금껏 기다려 준 첫 번째 회사에 도리가 아닌 것 같았다. 제안받은 연봉은 두 회사가 상당히 차이가 났는데 이것은 두 지역 간의 생활비가 현저하게 차이가 나니 당연한 것이었다. 예를 들면 내가 공부했던 도시는 방 2개, 화장실 2개인 아파트 한 달 렌트비가 $800 정도면 좋은 아파트를 렌트할 수 있지만, 실리콘밸리는 1990년도에 지어진 아파트도 새 아파트에 속하며, 방 1개, 화장실 1개인 아파트의 한 달 렌트비는 허름해 보여도 $2500 이상이다. 정말 최근에 건축된 좋은 위치의 아파트는 렌트비가 $3500~4500 정도 한다. 코로나 시기에 잠시 떨어졌으나, Return To Office가 진행되며 다시 아파트 렌트비가 많이 올랐다. 아이들 때문에 학군까지 고려해야 한다면, 더 복잡해진다. 첫 번째로 오퍼 받은 회사의 연봉은 절대적인 수치로는 작았지만, 그 정도 연봉이면 그 시골 동네에서 껌 좀 씹는다고 할 수 있었다. 고민이 많았다. 어떻게 해야 하는가? 결정을 하지 못하고 시간만 보냈다. 입사일은 첫 번째 회사가 2주 정도 빨랐다. 아무래도 아이들 키우며 일하기에는 첫 번째 오퍼를 준 회사가 좋을 것 같아 첫 번째 회사로 출근했다. 근데 며칠을 다녀도 별로 내키지 않았다. 갑자기 욕망이 생겼다. 미국에서 컴퓨터 사이언스를 전공했다면, 한 번쯤은 실리콘밸리에서 일을 해봐야 하는 거 아닌가? 출근한 지 일주일 밖에 안 되었으니 쌓였던 정도 없었고 미련도 없었다. 그렇게 함께 머물던 친구에게 힘들게 작별을 고하고 짐을 쌌다.

미국 회사는 다른 지역에 살고 있는 지원자가 그 회사가 있는 지역으로 이주하면 이주비용(relocation allowance)을 지원해 준다. 짐작했을지 모르겠지만, 두 번째 회사는 이주비용을 넉넉하게 챙겨 주지 않았다. 나를 포함해 차와 살림을 이주시키려면 지원받은 이주비용으로는 빠듯했다. 구글 맵(Google maps)으로 확인하니 실리콘밸리까지 운전하면 27시간 정도 걸린다고 해서 내가 직접 운전해서 가기로 했다. 이렇게 단순하면, 그다지 무서운 것이 없다. 운전석을 제외한 모든 곳에 짐을 구겨 넣고, 실리콘밸리에서 새로운 시작을 위해 힘차게 출발했다. 해가 떠있는 동안에는 기름 넣고, 밥 먹는 시간만 빼고 운전만 했다. 해가 지면 숙소에 들어가서 쉬었다. 이렇게 3박 4일을 쉬지 않고 달려 실리콘밸리에 도착했다. 장기간 운전으로 힘은 들었지만 실리콘밸리에서 기다리고 있는 새로운 삶이 나를 설레게 만들었다.

혹시라도 만약에 이 무대뽀 아줌마처럼 미국에서 혼자 장거리 운전을 하는 경우가 생긴다면, 주유소가 나오면 귀찮더라도 꼭 차의 기름탱크를 가득 채우고 가라고 엄마의 마음으로 충고하고 싶다. 갑자기 구글 맵이 고속도로(Interstate route)가 아닌 오솔길로 안내하기 시작하면, 한동안 주유소를 만나지 못할 수도 있다. 기름탱크의 바늘이 아래로 떨어져 가면 갈수록 심장이 쫄깃해졌다가 서늘해지는 순간을 만나기 싫다면 귀찮더라도 만땅이 마음이 편안하다. 미국은 넓어서 도시와 도시 사이에 개발이 안 된 곳도 많고, 핸드폰 시그널이 안 잡히는 곳도 생각보다 많으며, 한국 자동차 보험의 긴급출동 개념과 비슷한 Roadside assistance도 부르면 한참 걸린다. 영문명에서 보듯이 '긴급'이라는 뜻은 어디에도 없다.

CHAPTER 4

늦깎이 아줌마의
온사이트 면접 후기

Grace Hopper Celebration(GHC)에서
잡은 행운의 기회

Apple

Apple과의 면접은 Grace Hopper Celebration을 통해서 시작되었다. GHC와 같이 규모가 큰 취업 박람회에서는 한 회사 내에서도 다양한 부서에서 컨퍼런스에 참여하는 경우가 많으므로, 내가 원하는 직무와 가장 관련 있는 부서에서 나온 사람을 찾아 이야기를 해야 한다. 이력서를 가지고 회사 부스에서 잠시 서성거리면, 보통 먼저 인사를 건네오는 사람이 있는데 그러면 그때 그 사람에게 이력서를 보여주고 내 경력과 가장 관련된 부서에서 나오신 분을 소개받아 그분과 진지한 이야기를 시작하는 것이 유리하다. 세계적으로 유명한 회사답게 이미 지원자들로 북적한 Apple 부스에서 이력서를 들고 잠시 기다리니, 어떤 사람이 "Hello."라며 밝게 인사를 건네왔다. 마지막 학기임에도 그동안 인터뷰도 제대로 못 해서 마음이 심란했지만, 나도 마음속의 어지러운 걱정은 모두 잊은 듯이 얼굴 한가득 미소를 담아 그 사람에게 "Hi~ How are you?"라고 쿨하게 인사를 한 후 내 이력서를 전달했다. 그러자 그 사람이 내 이력서를 쭉 훑어보고는 어느 한 사람을 가리키며 그 사람과 이야기해 보라고 했다. 소개받은 엔지니어와 이야기하기 위해 여전히 내 앞에 많은 지원자들이 기다리고 있었다. Apple의 뜨거운 인기를 실감했다. Apple뿐만이 아니라, 개발자들이 일해보고 싶은 Google, Meta(Facebook), Amazon, Microsoft 등 유명한 회사들의 관계자들과 이야기하기 위해서는 인내심을 갖고 오래 기다려야 했다. 드디어 내 차례가 되어, 소개받은 엔지니어에게 이력서를 건넨 후, 가벼운 인사와 함께 간단히 나를 소개하고, 곧바로, 나의 경력에 관해 이야기했다. 듣는 사람이 관심 있어 할 것들로 빠르게 전달했다. 여기에서 중요한 것은 '듣는 사람이 관심 있어 할 것'이다. 위에 말한 것처럼, 많은 사람들이 담당 엔지니어와 이야기하기 위해 기다리고 있다. 아주 짧은 시간에 듣는 이의 관심을 사로잡아야 한다. 나와 몇 마디 주고받고 난 후, 그 엔지니어는 나에게 아주 기초적인 문제를 던져주었다. 나는 받은 문제가 너무 기초적이어서 속으로 꽤 당황했다. 혹시 문제를 어딘가 꼬아서 낸 것은 아닌가 의심이 들 정도로 아주 기초적인 문제였다. 반신반의하며 바로 어떻게 풀어야 할지 이야기를 했고, 건네받은 빈 종이에 단 1줄, 함수 선언과 괄호를 포함하면 총 4줄을 10초 만에 작성했다. 다행히 그 엔지니어는 만족했다. 그때 나는 아직도 어리둥절해서 혹시 오버플로우나 기타 다른 출제 의도가 있냐고 물어봤더니 없다고 했다. 이에 덧붙여, 이런 간단한 함수도 작성하지 못하는데 엔지니어 직군으로 지원을 하는 사람들도 많이 있다고 했다. Apple 엔지니어는 나에게 작은 카드를 건네며, 컨퍼런스 한편에 있는 간이 면접장으로 가보라고 했다.

Apple 부스에서 받은 카드를 들고 GHC 내에 마련된 면접장으로 갔다. 나는 컨퍼런스가 시작한 지 3일 만에 처음으로 방문해 본 곳인데, 이미 많은 사람들이 면접을 보고 있었다. 접수원에게 Apple 부스에서 받은 카드를 건네주자, 면접 시간을 예약해 주었다. 미국에서는 무작정 찾아간다고 해서 바로 이용할 수 있는 곳이 별로 없다. 어디를 가든 항상 예약을 해야 한다. 기다림에 익숙해져야 한다. 면접 시간까지 다른 회사 부스를 돌아다니는 대신에 머릿속에 코딩 문제들을 한 문제라도 더 저장을 하려고 근처에 마련된 의자에서 핵심 개념을 추려 놓은 비법 노트를 빠르게 훑어 내려가며 잠시나마 기술면접 준비에 매진했다. 드디어 Apple과 두 번째 면접이 시작되었다. 면접관은 내가 만났던 엔지니어의 소

JUST TRY IT
해보니 되는구나

속 팀장인 것 같았다. 면접관은 복잡한 시스템디자인에 관한 문제를 냈다. 맙소사, 몇 시간 동안 코딩 문제만 냅다 외웠는데, 시스템디자인 문제라니. 망했다. 면접관의 팀에서 관리하고 있는 것으로 추정되는 시스템에서 현재 그 팀이 당면한 문제에 대해 함께 해결 방안을 찾아보는 토론식 면접이 진행되었다. 실제 시스템을 바탕에 둔 문제이다 보니, 아무래도 그동안 공부해왔던 단순한 시스템디자인 문제들보다 훨씬 복잡했고, 또한 기밀인 회사의 시스템을 회사 외부의 사람인 지원자에게 전부 공유할 수도 없었으니, 문제의 정의도 시스템디자인을 위해 준비된 문제처럼 깔끔하지 않았다. 이러한 점이 면접 시작부터 나에게 '아 안 되겠구나!' 하는 강한 시그널을 주었다. 문제가 복잡하다 보니 자연스럽게 문제의 설명이 길어지고, 나는 긴 설명 중간 어느 쯤부터 나의 굳은 의지에도 불구하고 내 정신은 안드로메다로 날아가 버렸다. 나는 잘 이해하지 못한 채로 추상적인 것을 설명하였고, 그 결과 내가 무엇을 말하고 있는지도 몰랐고, 그저 두리뭉실 얼버무렸다. 어쨌든 빈 소주잔은 채워야 맛이고, 주어진 시간은 채워야 하니까, 알아들은 부분만 갖고 열심히 설명을 했다. 하지만 나는 면접 내내 그다지 자신은 없었다. 면접관도 나와의 면접이 조금 애매했었던 것 같았다. 더 좋은 지원자가 나타나지 않는다면 연락을 준다고 했지만, 결국은 연락이 오지 않았다. 이후에 나보다 더 능력이 뛰어난 지원자가 많이 다녀갔나 보다 생각했다. 비록 떨어졌지만, 좋은 경험이었다.

대학원 마지막 학기에
가까스로 잡은 온사이트 면접 후기

⇔

Meta(Facebook), Amazon, Apple, Netflix, Google, 소위 MAANG이라 불리는 글로벌 IT 기업들은 아마도 미국 전체 컴퓨터학과 학생들 아니, 미국 전체 소프트웨어 엔지니어들에게 적어도 최소한 한 번 이상은 연락을 취하는 것 같다. 대학원 졸업 후 미국 직장 생활 6년 차인 나도 앞에 나열한 회사의 리크루터들로부터 적어도 한 번씩은 해당 회사들과 면접을 보지 않겠냐는 연락이 받은 적이 있다. 어떤 회사는 매년 연락을 한다. 또 어떤 회사는 같은 회사지만, 다른 부서에서 여러 명의 리크루터들이 동시에 연락을 줄 때도 있다. 글로벌 IT 기업은 규모가 커서 많은 인력을 확보해야 하기 때문에 좋은 인재를 찾는 데 특별한 선입견 없이 다양한 인재들과 교류한다.

다행히 나도 마지막 학기에는 학교 커리어페어에서 이력서를 제출한 회사들 중 몇 군데에서 인터뷰를 보자는 연락을 받았다. 다들 이름을 알만한 큰 회사들이었다. 나는 최초 이력서를 보낸 지 1년 6개월이란 시간이 지나고 거의 포기할 때쯤 Google, Microsoft 등 이런 회사들과 면접을 볼 수 있는 기회를 얻었다. 여태까지 온라인 면접을 딱 한 번 해본 것이 전부였기 때문에 이처럼 규모가 큰 회사들과 인터뷰를 준비하면서 단번에 합격할 것이라는 기대보다는 나도 이런 회사들과 인터뷰를 볼 수 있다는 것에 대한 설렘이 컸다. 그냥 나중에 사람들에게 나도 실리콘밸리에 있는 IT 기업들 본사에 가 봤다고 썰을 풀 수 있기 위해 유명한 회사의 본사 방문을 온사이트 면접의 목표로 삼았다. 미천한 영어 실력과 소프트웨어 개발자로서 실제로 코딩을 했던 경력이 육아 휴직을 내고 장두 씨를 따라 미국으로 오게 되면서 단절되었기 때문에 초심으로 돌아가 엔트리 레벨(신입사원)을 목표로 했다. 엔트리 레벨은 시스템디자인 인터뷰보다 코딩 인터뷰의 비중이 높기 때문에 이때에는 코딩 인터뷰에만 집중 공략했다. 시스템디자인 인터뷰는 한국에서 프로젝트 했던 경험만 믿고 따로 준비하지 않기로 했다. 여러 사이트를 방문하기보다는 개인적으로 좋아하는 리트코드 사이트만 이용하였다. 리트코드에서 제공하는 문제들은 다른 사이트보다 간결하게 정의되어 있고, 사용자 인터페이스도 단순해서 문제풀이에 집중하기 편했다. 나중에 이직 준비할 때는 시스템디자인 인터뷰도 함께 준비하였다. 시스템디자인 인터뷰는 준비해야 하는 범위가 너무 넓어서 어디서부터 시작해야 될지 막막한 경우가 많다. 처음에는 educative.io의 Grokking the System Design Interview에 소개된 문제와 솔루션을 읽으면서 시스템디자인 인터뷰에 어떤 식으로 대답해야 하는지 전체적인 틀을 잡았다. 시스템디자인은 절대적으로 정해진 답이 없다. 주어진 상황에 따라 어떤 시스템이나 알고리즘을 사용해야 하는지에 대한 선택의 문제이다. 그래서 연습이 안 된 경우에는 단순한 지식만 나열하는 데 그치고, 적절한 시스템디자인을 제안하지 못하고 끝나는 경우도 많다. 비슷한 문제더라도 여러 가지 다른 시각으로 보는 것이 도움이 될 것 같아서 "System Design interview — an Insider's Guide"도 "Grokking the system Design Interview"와 함께 읽었다. 요즘에는 회사에서 분산 시스템을 기본적으로 사용하고 있기 때문에 시스템디자인 인터뷰도 분산 시스템 위주로 물어보니 분산 시스템에 대해서 적어도 어느 정도 썰을 풀 줄 알아야 한다. 만약에, 좀 더 이론적으로 분산 시스템의 개념을 잡기 원한다면, "Designing Data Intensive Applications(소위 DDIA)"도 필독 도서로 추천한다. 이 책을 처음부터 끝까지 다 읽을 시간이 없더라도, 'Part II Distributed Data' 부분만이라도 읽어보길 추천한다.

비록 광탈했지만, 한 번 온라인 인터뷰의 합격을 맛봐서 그런지, 무리 없이 온라인 면접에 합격했다. 이제 드디어 첫 온사이트 면접이었다. 떨렸다. 실리콘밸리까지 한 번의 환승을 포함해 총 7시간여의 긴 여행을 준비해야 했다. 긴장감과 설렘으로 면접 준비에 집중할 수 없었다. 이때는 코로나 팬데믹 전이라 진짜 면접 볼 회사에 가서 인터뷰를 보는 진정한 'on site' 면접이었다.

Google

Google은 커리어페어가 아니라 Google 리크루터가 직접 연락이 와서 면접을 보게 되었다. 많은 소프트웨어 엔지니어들은 글로벌 IT 회사들 중에서도 Google 입사를 목표로 한다. 그래서 대부분 다른 회사들과 인터뷰를 보며 인터뷰의 노하우를 쌓은 후, Google과의 인터뷰는 제일 마지막에 잡는다. 나는 마지막 학기에 최초로 연락 온 회사가 Google이었는데, 혹시라도 내가 인터뷰를 미루자고 하면 면접 볼 기회조차 사라질까 두려워 이것저것 재고 따지는 거 없이 리크루터가 잡자는 대로 인터뷰 스케줄을 잡았다. 운 좋게 온라인 인터뷰는 잘 마치고, 마운틴뷰 오피스에서 하는 온사이트 면접을 보러 가게 되었다. 온사이트 인터뷰는 총 4개의 인터뷰로 구성되었다. 3개는 코딩 면접, 1개는 시스템디자인 면접이었다. 소프트웨어 엔지니어의 경우에는 인성면접과 시스템디자인 인터뷰는 지원하는 레벨이 높을수록 많이 보게 된다. Google의 인터뷰는 한 개의 인터뷰 당 약 45분의 세션으로 이루어졌다. 미국은 본인확인을 위해 여권이나 주민등록증 등과 같은 공식적인 신분증을 잘 확인하지 않는다. 온사이트 인터뷰를 할 때도 그렇다. 허술하게 보일지 몰라도 그저 지원자의 이름만 묻는다. Google은 다른 회사의 면접과 조금 다르다. 면접관들은 나중에 같이 일할 팀 소속이 아니라, 그냥 회사에서 면접관 자격요건이 되는 사람들이 나와서 면접을 본다. 그리고 면접관들은 면접 결과를 작성해서 채용 위원회(Hiring Committee)에 보낸다. 그러면 채용 위원회에서 지원자의 합격 여부가 결정된다. 합격이 되면 당연히 기분 좋은 일이지만, 이 단계가 끝은 아니다. 같이 일할 팀을 정하는 팀 매칭을 하게 된다. 단순히 비교를 하면 Google은 인터뷰 합격 후 팀을 매칭하는 반면, 다른 회사들은 보통 인터뷰할 팀이 먼저 정해진 후 지원자와 인터뷰를 보는 것이다. Google은 각 부서의 하이어링 매니저는 온사이트 면접과 채용 위원회를 통과한 지원자들의 레쥬메를 보고 자신의 팀에 필요한 인재인지, 팀 성격에 맞는지 등을 고려하여 자신의 팀에 고용할 것인지 아닌지 최종 결정한다. 채용 위원회에서 합격한 뒤 최대 일 년 동안 팀 매칭에 참여할 수 있다. 팀 매칭단계를 통해 여러 팀에서 러브콜을 받는 경우도 있고, 간혹 어떤 팀에서도 선택이 안 되는 경우도 있다고 한다. 후자의 경우 합격은 했는데 오라는 부서가 없으니 참 난감하다. 어떤 사람들은 이를 Team matching hell이라고 표현하기도 한다. 인터뷰를 통과했다는 기쁨도 잠시, 자칫 길어질 수도 있는 팀 매칭을 통과해야, Google에서 오퍼를 받을 수 있기 때문이다. 이것은 마치 선생님이 되기 위해 노량진에서 컵밥을 먹으며 밤낮으로 열심히 공부한 끝에 임용고시는 합격했다 하더라도, 실제 선생님으로 임용이 되어야만 진짜 선생님으로서 학교에서 일할 수 있는 것이랑 같은 것이다. 어느 누구는 일 년이 지나도록 팀 매칭이 되었다는 연락이 없었다고 카더라 통신으로 들었다고 했다. 보통의 회사들은 이메일로 면접 결과를 통보한다. 혼자 조용한 곳에서 이메일을 확인하면 되므로, 결과가 좋지 않아도 굳이 표정이나 목소리를 관리를 할 필요 없다. 그저 혼자 조용히 슬퍼하면 된다. 하지만, 내가 경험한 Google의 경우는 면접 후 일주일 정도 지나면, 리크루터가 직접 전화로 면접 결과를 공유해 준다. 나도 Google과 면접이 끝나고 리크루터로부터 전화를 받았다. 아무리 예상을 했어도 떨어졌다는 말을 들으니 상심이 컸다. 목소리도 떨렸다. 그래도 끝까지 리크루터에게 쿨하게 보이려고 아무렇지 않은 척 내년에 또 만나자고 했다. IT 회사들은 인터뷰를 통과하지 못한 사람들에게 보통 6개월에서 1년 정도 쿨다운 시간을 갖게 한다. 다시 말하면, 아무리 상시모집이라고 하여도, 면접에 불합격한 경우, 회사규정에 따라 6개월 혹은 1년 정도의 기간 동안 같은 회사에 바로 다시 입사 지원을 하지 못하도록 제한을 둔다. 나는 일 년이 훨씬 지나고 지금까지도 다시 그 리크루터를 만나지 못했다. 하지만 큰 걱정하지 않아도 된다. Google은 활동하는 리크루터들이 많아서 항상 새로운 리크루터들이 먼저 연락을 해온다.

Facebook(현 Meta)

Facebook에 언제, 어떻게 인터뷰를 보게 되었는지 정확히는 기억이 나지 않는다. 하지만 대학생과 대학원생들을 위한 취업 이벤트를 통해서였다. 캘리포니아 주의 Menlo Park(마운틴뷰 윗

동네)에 있는 Facebook 본사로 인터뷰를 보러 갔다. 약속된 시간에 맞춰 인터뷰 장소로 가니 그럴싸한 다과가 준비된 제법 큰 홀로 인도되었다. 그곳에는 이미 어색한 정장을 입은 지원자들이 많이 있었다. 나는 튀려고 계획한 것은 절대 아닌데, 혼자 후드를 입고 있었다. New grad(갓 졸업한 지원자 또는 졸업예정자)를 위한 취업 이벤트가 아니고서는 이렇게 많은 지원자들과 함께 인터뷰를 보지도 않을뿐더러, 지원자들을 한곳에 모아놓지도 않는다. 이것은 회사들이 미래의 꿈나무 개발자들에게 자사 광고를 하는 방법 중 하나이다. 취업 이벤트인 만큼 나를 포함한 많은 지원자들이 미국 각지에서 면접을 보러 왔고, 유럽에서 온 친구들도 있었고, 캐나다에서 온 친구들도 있었다. 개인적인 생각이지만 이런 유의 미국 모임 분위기는 '위대한 개츠비'에서 나오는 파티 같다. 한 손에 음료수를 들고 다니며 세상의 걱정 따위는 내 밑에 있다는 듯이 레오나르도 디카프리오처럼 미소를 지으며 하는 사교성 파티 말이다. 명심하자. 이런 장소에서는 항상 쿨하고 웃어야 한다. Wassup man~! 나도 한 손에 음료수를 들고 다니며 어색한 분위기에 주눅 들지 않고 당당한 척 최선을 다해서 지원자들과 이야기를 나눴다. 솔직한 심정은 저쪽 구석에서 심혈을 기울여 뽑아놓은 면접문제들을 달달 외우고 싶었다. 실리콘밸리의 많은 IT 기업들은 점심이 무료로 제공된다. Google, Facebook, LinkedIn 등과 같은 글로벌 IT 기업들은 삼시 세끼와 무제한의 스낵 제공을 자랑한다. 사실인지 모르겠으나, 이것은 IT 회사들이 복지로 가장해 소프트웨어 엔지니어들을 회사에 더 오래 잡아놓고 일 시키기 위한 전략이라고 누가 그랬다. 나는 스낵을 제공하는 IT 회사들 중에 Facebook이 구비하고 있는 스낵들이 다른 회사가 제공하는 스낵보다 더 마음에 들었다. 지금도 있는지 모르겠지만 내 사랑 육포! 만약에 Facebook과 똑같은 조건의 회사로부터 오퍼를 받는다면 내가 좋아하는 육포가 있는 Facebook을 선택할 것이다. 내가 본 Facebook 인터뷰는 Google 인터뷰보다 적은 3개의 세션으로 구성되었다. 내가 인터뷰를 봤을 당시 Facebook은 각 인터뷰 타입별 별칭을 사용했다. Ninja, Jedi, Pirate. Ninja는 코딩 인터뷰, Jedi는 인성면접, Pirate은 시스템디자인이다. 졸업예정자를 위한 취업 이벤트라서 그런지 인터뷰는 2개의 Ninja 인터뷰와 1개의 Jedi 면접으로 구성되었다. 아무래도 신입직원 채용 인터뷰에서는 시스템디자인 인터뷰는 제외되는 경우가 많다. 카더라 통신에 의하면 Facebook 인터뷰는 출제된 문제를 완벽하게 풀어야 할 뿐만이 아니라, 문제를 푸는 속도도 빨라야 한다고 했다. 코딩 인터뷰에서는 한 세션당 2문제를 제대로 풀 수 있어야 한다고 온라인 후기를 읽은 적이 있다. 그런데 불행히도 나는 빨리 풀지도, 완벽한 솔루션을 제공하지도 못했다. 그냥 코딩이 돌아가게만 했다. 에둘러 Facebook에서 일하려고 면접을 본 것이 아니라 공짜로 Facebook 본사 탐방을 위해 봤던 면접이라고 생각하니 그나마 위안이 됐다. 취업 이벤트답게 3개의 인터뷰가 끝난 지원자들은 진행자의 인솔을 따라 Facebook 본사 구석구석 탐방을 다녔다. Facebook 캠퍼스 어디에 있는 음식점이 제일 인기가 있다는 이야기도 듣고, 같이 아이스크림도 먹고, 아케이드 가서 게임도 했다. 회사 내에 있는 편의시설, 병원 등도 안내받았다. Facebook 캠퍼스는 아기자기하니 이뻤다. 마지막으로 Facebook의 메인로고 '좋아요' 뒤의 선 마이크로시스템즈(Sun Microsystems) 로고에 관한 이야기도 들었다. 원래 Facebook 본사는 한때 잘나갔던 선 마이크로시스템즈의 오피스였다고 한다. 선 마이크로시스템즈처럼 회사가 되지 않기 위해 경계심을 풀지 않으려고, 로고 뒷편은 Facebook으로 바꾸지 않고 선 마이크로시스템즈 로고를 그대로 놔뒀다고 했다. 취업 이벤트가 끝나갈 때쯤 Facebook 로고와 University day 글자가 찍힌 티셔츠를 받고 호텔로 향했다. 이 티셔츠는 정말 내가 좋아하는 티셔츠다. 아직도 지금까지 내가 사랑하는 최애 티셔츠 중 하나이다. 인터뷰와 별개로, 내 기억에 Facebook은 다른 회사들에 비해서 식비를 넉넉하게 챙겨줬었던 것 같다. 그래서 마치 미국 부자가 된 것처럼 호텔에서 룸서비스를 시켜먹고 팁도 많이 줬다. 인터뷰 결과는 이변 없이 떨어졌다. 그래도 Facebook 캠퍼스 탐방을 잘 하고 맛있는 것도 먹고, Facebook 티셔츠까지 공짜로 받은 터라 이만하면 됐다고 마음속으로 위안을 삼았다.

Expedia

이번엔 우리나라 사람들도 많이 알고 있는 여행 회사인 Expedia와 면접을 본 이야기를 해보려고 한다. 그런데 혹시 알고 있는지 모르겠지만, Expedia는 Expedia.com만 갖고 있는 것이 아니라, hotels.com, hotwire.com, tripadvisor.com 등의 여러 여행 사이트들도 같이 운영하고 있다. 아무리 여러 여행 사이트를 뒤져서 핫딜을 찾아 저렴하게 여행을 예약했어도, 결국 나의 돈이 흘러가는 곳은 몇 안 되는 큰 여행 회사들인 것이다. 이렇게 하는 이유는 여러 가지가 있겠지만, 그중 한 개는 마케팅 전략이라고 한다. 같은 지역에 양복점을 한 개 여는 것보다 두 개를 열어서 가격 차이를 두면 사업자 입장에서는 한 개의 양복점에서 얻는 이익보다 더 많은 이익을 가질 수 있다고 들었다. Expedia도 대학 취업 행사를 통해서 면접을 본 곳이다. 지금 본사는 워싱턴주 시애틀에 있는 것으로 알고 있는데, 내가 면접을 볼 때만 해도 Expedia 본사는 벨뷰(Bellevue)라는 시애틀 옆동네에 있었다. 보통 시애틀 옆동네를 east side라고 부른다. 여행사라서 그런지 면접장을 잘 꾸며 놓았다. 마치 면접 여행을 가는 것처럼 테마가 있었다. 아직까지도 기억에 남는 스토리가 있는 면접이었다. 면접 장소에 도착했더니 비행기 티켓으로 보이는 티켓를 나눠주고, 마치 비행기를 타고 가는 것처럼 게이트로 보이는 곳을 통과해 면접 장소로 이동했다. 면접 장소로 가는 길은 세계 각국의 이름을 딴 회의실들이 있었다.

세계여행을 하며 면접을 보는 것이다. 면접은 3세션으로 구성이 되었는데, 개인적인 생각으로 그중 한 개를 망쳤다. 면접이 끝나고 면접 여행을 무사히 마친 모든 지원자들과 면접관들이 홀에 모여 준비된 카나페와 음료를 마시며 도란도란 이야기했다. 나는 고깃집에서 빙 둘러앉아 돌아다니지 않고 삼겹살에 냉면을 먹는 것에는 완전히 익숙한데, 이렇게 잔을 들고 돌아다니며 잠깐씩 멈춰서 이야기하는 미국식 사교모임은 전혀 내 체질이 아니었다. 속으로 기라성 같은 IT 기업이 아니라서 그래도 혹시나 하며 기대했는데, 역시나 불합격이었다. 그래도 Expedia가 지원자들에게 보여준 특별한 노력이 아직도 기억에 많이 남는다. 내가 워싱턴 주에 살 때는 east side(시애틀의 오른쪽)에 살았는데, Expedia에 면접을 보러 갔던 건물을 매주 장 보러 가는 길에 지나갔다. 한때 가슴을 졸이며 '할 수 있다.'를 마음속으로 수만 번 외치며, 저 빌딩으로 안으로 들어갔을 때가 엊그제 같은데 참 감회가 새로웠다. 그 아련한 추억의 빌딩에 지금은 Expedia가 없다. 내가 면접을 볼 당시만 해도 Expedia가 그 건물을 사용 중이었는데, 지금 Expedia는 오피스를 시애틀로 옮겼고, 조금 있으면 그 빌딩에 Amazon이 오피스를 연다고 한다.

Microsoft

    Microsoft는 학교 커리어페어를 통해서 연락을 받았다. Microsoft는 온라인 인터뷰 대신 커리어페어가 끝나자마자 바로 학교 내에 위치한 커리어센터(취업 준비 센터)에서 면접을 봤다. 우리 학교를 졸업하고 커리어페어 행사를 지원하기 위해 모교를 방문한 Microsoft에서 7년째 소프트웨어 개발자로 재직 중인 학과 선배님과 1차 면접을 보게 되었다. 이 면접 또한 New grad를 대상으로 하는 면접이었다. 한 시간 동안 어렵지 않은 2문제를 풀었다. 나의 학교 선배님이자 면접관은 온사이트 면접을 잡는 이메일이 곧 갈 것이라며 그 자리에서 1차 면접 합격을 알려주셨다. 사랑합니다, 선배님. 이런 방식은 내가 대학교 시절에 경험했던 방식이다. 내가 대학생 때에도 주로 같은 학교를 졸업한 선배님들이 모교를 방문해 회사 입사 지원서를 나누어 주며 과사무실에서 취업 설명회를 열곤 했었다. 며칠이 지나자 선배님이 말씀하신 대로 Microsoft는 워싱턴주 레드몬드에 위치한 본사로 나를 초대했다. 이런 초대는 아무리 바쁘더라도 반드시 응해야 한다. Microsoft는 다른 회사들과 달리 달력시스템을 공유해 주며 온사이트 인터뷰를 보기 위해 Microsoft 본사를 방문할 날을 선택하게 해주었다. 그래서 최대한 늦게 1문제라도 더 보고 가려고 내가 선택할 수 있는 제일 마지막 날로 면접 스케줄을 잡았다. 얼마 전 Expedia 면접을 보려고 방문했던 워싱턴주의 시애틀로 다시 날아갔다. 면접을 봤던 Expedia 건물 주변 벨뷰의 한 호텔에서 머물렀다. Microsoft와의 면접도 이전에 겪었던 Facebook과 Expedia의 면접 때와 같이 New grad를 위한 취업 이벤트였기 때문에 분위기는 비슷했다. 나도 한두 번 겪어봤다고 이젠 익숙했다. 이 그룹 저 그룹 휩쓸려 다녔다. 그때의 나는 자존감도 낮았고, 합격을 기대하지 않아서, 주변 사람들 아무한테도 말하지 않고 혼자 조용히 면접을 보러 온 터라 당연히 면접 장소에서 내가 아는 사람을 만날 거라고 상상도 못 했는데 앗! 중국에서 유학 온 우리 학교 같은 과 친구를 그곳에서 만났다. 이 친구와는 소프트웨어공학을 같이 들었는데 같은 조에서 같이 프로젝트를 한 친구였다. 이 친구는 지난 여름에 Amazon에서 인턴십을 했었는데, 안타깝게도 인턴십이 끝나고 오퍼는 받지 못했다고 했다. 혼자 서먹했던 찰나에 그래도 안면이 있는 동반자를 만나니 마음이 좀 편해졌다. Microsoft는 4개의 인터뷰 세션이 있었다. 모두 코딩 인터뷰였다. 인터뷰가 끝나고 같은 과 친구는 Amazon에서 인턴십을 할 때 알게 된 친구들과 저녁 식사를 한다고 했다. 고맙게도 나에게 별일 없으면 같이 가자고 제안을 해주었다. 전혀 모르는 사람들이었고 언제 다시 만날지 모르는 사람들이었지만 친구가 만나는 사람들 모두 내가 일하고 싶은 IT 기업, Microsoft와 Amazon에서 근무하고 있는 소프트웨어 엔지니어들이었다. 미국에서 소프트웨어 엔지니어로서의 삶도 궁금하고, 배도 고프고 해서 따라갔다. 이런저런 소소한 이야기를 하며 저녁을 보냈다. 저녁은 같이 면접을 본 친구와 내가 기분 좋게 쐈다. 물론 면접비로. 새로운 친구들은 그날 나를 처음 봤지만 따뜻한 말들을 많이 해줬다. 추천이 필요하면 연락하라고 친절하게 말해주었다. 정말 고마웠다. 이렇게 Microsoft와의 인터뷰를 마쳤다. Microsoft 온사이트 면접에서 기억나는 것은 취업 이벤트를 마친 후 Microsoft는 회사 로고가 새겨진 후드 재킷을 초대된 전체 지원자들에게 나눠주었다. 아쉽게도 내 사이즈는 다 나가서, 정작 입을 일이 없는 XL을 받아 왔다. 지금도 어디에 있는지 모른다. 결과는 여러분도 아는 그것이다. 매번 겪는 실패였지만, 전혀 익숙하지 않았다. 혹시 나와 같이 면접을 봤던 같은 과 친구의 면접 결과를 궁금해하는 사람들을 있다면, 그 친구는 합격했고, 최종적으로 Microsoft를 선택했다.

Bloomberg

Bloomberg는 내가 가고 싶어 하는 IT 회사라고 하기보다 금융 컨설팅 회사다. 금융 회사답게 Bloomberg의 본사는 뉴욕시의 중심 중의 중심 맨해튼에 위치하고 있었다. 놀랍게도 나는 Bloomberg의 온사이트 면접에 초대되었다. 지금은 어디에서 Bloomberg와의 인연이 시작이 된 건지, 어떻게 온라인 면접도 패스하게 되었는지조차 기억이 나질 않는다. 짐작건대 아마도 한국에서 마지막으로 다녔던 회사에서 했던 금융과 연관된 시스템 개발 경험이 Bloomberg 리크루터의 관심을 끌지 않았었나 싶다. 답답한 시골 마을에서 금욕생활을 하며 장장 3년을 버티고 있었는데 비행기 티켓과 호텔을 제공해 주며 뉴욕으로 오라고 하니 너무 좋았다. 아예 목표를 Bloomberg 인터뷰 합격이 아닌 뉴욕여행으로 잡았다. 리크루터에게 말해서, 돌아오는 비행기 스케줄을 면접 당일이 아닌, 그다음 날 가장 늦은 비행기 시간으로 바꿨다. 대학원생의 없는 살림에 내 돈 내 산으로 뉴욕시의 중심 맨해튼 미드타운에서 호텔 1박을 연장했다. 뉴욕 맨해튼에서 지낼 생각을 하니 그럴 상황이 아님에도 가슴이 설렜다. JFK공항에 도착해서 맨해튼으로 갔다. 다른 도시였다면 야밤에 밖에 싸돌아다니지 않았겠지만, 뉴욕의 맨해튼이라면 조금이라도 더 즐겨야 한다고 생각했다. 타임스퀘어부터 시작해 미드타운 여기저기 걸어 다니며 코리아타운에서 떡볶이도 먹었다. 시골에서 공부했던 지난 몇 년 동안 감히 상상할 수도 없었던 브로드웨이에서 뮤지컬도 봤다. 저녁 공연 시작 바로 전에 표를 사니 40% 정도 할인이 된 가격으로 살 수 있었다. 내가 선택한 뮤지컬은 '오페라의 유령'이었다. 영어라 전부 알아듣기는 어려웠지만 노래는 익숙했다. The phantom of the opera is there inside your mind. 뮤지컬 공연이 끝나자 거의 밤 10시가 다 되었다. 밤에는 인공의 빛이 없어 밤하늘의 별들이 매우 잘 보였던 캄캄한 곳에서 너무 오랜 시간을 보내서 그런지, 네온사인들이 거리를 환하게 비추고 있는 길거리만 걷기만 했는데도 콧노래가 절로 나왔다. 타임스퀘어에서 전광판에 움직이는 글자들을 보는 것도 기분이 좋았다. 아무리 몇 년을 시골 도시에서 금욕생활을 했어도, 나는 차도녀로서의 도시 삶이 체질인 것 같았다. 조금 더 거리를 배회하다가 마지못해 호텔로 돌아갔다. 다음 날 점심 때쯤에 면접이 끝나고 나서는 엠파이어 스테이트 빌딩에 올라갔다. 바람이 무지 강했다. 하지만 뉴욕은 뉴욕이었다. 알리샤 키의 뉴욕~ 뉴욕~ 'New york Empire state of mind' 노래가 귀에 맴돌았다. 그동안 억눌려 왔던 욕망들이 나를 단숨에 사로잡았다. 반짝이는 것은 뭐든 다 사고 싶었다. 센트럴 파크 가는 길에 트럼프 빌딩 건너편에서 사진도 찍었다. 그렇게 눈이 돌아가게 즐기며 나에게 주어진 2박 3일의 시간을 쪼개고 쪼개서 뉴욕 관광에 열을 올리며 보냈다. 그런데 너무 뉴욕여행에 취해 있었나 보다. 죄송하게도 인터뷰를 어떻게 봤는지 잘 기억이 나지 않는다. 인터뷰는 쉬운 편이었으나, 한 문제에서 좀 헤맸던 것 같다. 면접관도 나를 그다지 맘에 들어 하지 않았던 것 같다. 특이한 점은 Bloomberg는 실리콘밸리의 IT 회사보다 보수적인 금융 회사라서 그런지 IT 부서임에도 불구하고 면접관들은 모두 정장 차림이었다. 슬쩍 본 다른 직원들도 우리나라의 회사원들처럼 대부분 정장 혹은 비즈니스 캐주얼을 입고 있었다. 면접 결과는 떨어졌다. 혹시 면접에 합격했더라면, 정장도 입어야 되고 일반 IT 기업보다 보수적이어서 마음에 완전히 들지 않지만, 뉴욕에서 살고 싶은 마음이 커 갈까 말까 고민을 많이 했었을 것이다. Bloomberg는 고맙게도 자칫 심각할 수 있었던 고민으로부터 나를 친절하게 해방시켜 주었다. 어쨌든 이번 면접은 즐거웠고 알찬 뉴욕여행이었다.

여러 회사들과
온사이트 면접 후기를 마치며

❖

위에 나열한 회사들 − Apple, Google, Facebook(Meta),
Expedia, Microsoft, Bloomberg − 이 이 아줌마가 대학원 다닐
때 면접을 봤던 회사들이다. 비록 모두 다 떨어졌지만, 대략적인
인터뷰 진행 방식 등과 내가 인터뷰를 보면서 느꼈던 감정들을 공
유해 보았다. 같은 회사와 면접을 보더라도, 면접관에 따라 차이가
크고 인터뷰 문제도 달라지기 때문에 세세한 것들을 공유하지 않
았다. 하지만 앞에서도 말했지만 면접에서 아무리 강조해도 지나치
지 않는 것이 있다. 면접은 내가 얼마나 잘하는지 뽐내는 것이 맞
지만, 잊지 말아야 할 것은 면접관과 교감을 하지 못하면 아무런
소용이 없다는 것이다. 특히, 우리나라에서 나고 자란 나와 비슷한
세대의 사람들은 학창시절부터 나열된 선택지에서 정답만 찾는 것
에 지나치게 익숙해 있다. 그리고 정답을 찾으면 다 끝났다고 생각
한다. 하지만 내가 느끼는 미국에 있는 IT 기업들과 온사이트 인터
뷰는 조금 달랐다. 참고로, 이것은 지극히 개인적인 생각이다. 내
가 어떻게 문제를 접근하고 어떤 식으로 코딩을 했는지를 면접관
에게 잘 이해시키고 면접관과 교감을 잘했다면, 설사 인터뷰 문제

를 완벽하게 풀지 못했더라도, 면접에 통과하는 경우가 많았다. 이 말인즉슨, 면접관의 의견에 따라 나의 인터뷰의 당락이 결정되니, 신속 정확하게 정답을 향해 면접관과 '함께' 찾아가야 한다.

면접관과 자연스럽게 교감할 수 있는 한 가지 팁은, 면접관이 나의 코딩실력을 판단하는 사람이라고 생각하지 말고, 같이 Pair programming하는 직장 동료라고 생각하고 내가 코딩을 작성하는 역할을 하고 있다고 생각하는 것이다. Pair programming은 중요한 프로그램을 작성할 때나 고객의 비즈니스에 임팩트가 큰 버그를 잡을 때 가끔씩 사용하는 방식으로, 2명이 함께 한 컴퓨터에서 코드를 작성하는 방식이다. 이때 한 명은 코딩작성을 하고, 나머지는 감독관 역할을 한다. 2명의 리소스를 한곳에 쓰는 만큼, 버그 없는 코딩을 한다. 실제로 면접관은 미래의 같은 팀 직장 동료가 되는 경우가 많으니 이 접근 방식은 일리가 있다. 이와 더불어, 면접관이 나보다 그 문제에 대해서 조금 더 알고 있다고 생각하면, 인터뷰 문제를 풀기 위해 진짜 필요한 질문들을 자연스럽게 할 수 있게 된다. 이 접근 방식의 목표는 면접관에게 내가 나중에 면접관과 함께 프로젝트를 하기에 적합한 팀원이 될 인재라고 계속 전달하는 것에 있다. 이것이 내가 면접관과 교감이 중요하다고 강조하는 이유이다. 지금까지 모두 불합격한 면접들을 나열해 놓고서 여기에서 할 이야기는 아닌 것 같지만, 이것은 내가 나중에 면접관으로서 면접도 해보고, 이직을 준비하며 지원자로서 면접을 보면서 깨달은 방식이다. 내가 이런 마인드로 온사이트 면접에 접근하게 되니 면접 중에 긴장도 풀렸고, 자연스럽게 면접 합격률도 올라갔다.

늦깎이 아줌마의 온사이트 면접 합격률을 높이는 팁

나에게 다음과 같이 최면을 걸자.
1. 나는 얼마 전에 시작된 새로운 프로젝트에 참여하게 되었다.
2. 면접관은 새로운 프로젝트를 같이 하게 된 팀 동료다.
3. 면접관은 나보다 먼저 프로젝트에 참여하여, 프로젝트의 배경에 대해 나보다 조금 더 알고 있다.
4. 우리는 지금 이 프로젝트를 어떻게 진행해야 할지 토론하는 회의에 왔다.
5. 면접관과 같이 프로토타입을 Pair programming을 한다. 내가 코딩을 작성하는 차례이다.

하지만, 여러 개의 인터뷰를 보다 보면 한 세션에서는 정말 모르는 문제가 나올 때가 있다. 이때, 당황하기 시작하면 심장은 빨라지고, 등에서는 식은땀이 흐르고, 머릿속에서는 아무런 솔루션이 안 떠오르고 계속 의미 없이 '무엇이든 빨리 찾아내야 한다. 찾아야 한다.'라는 생각만 꽉 찬 시기가 온다. 그럴 때면, 나는 내가 찾아낸 나만의 방식으로 내 자신을 안정을 시켰다. 나는 이것이 리트코드에 나와 있는 모든 문제를 섭렵하는 것보다 더 중요하다고 생

각한다. 이 부분에 대해서는 추후에 공유해 보겠다.

　당연히 나의 방식이 100%로 맞는다고 장담은 못 한다. 그러나 여러분들이 아직 여러분만의 면접 방식을 정립하지 못했다면, 한 번쯤은 산전수전 겪어본 미련한 아줌마의 방법도 시도해 볼 가치가 있지 않을까 생각한다. 여러 가지 방법들을 시도해 보고 나에게 가장 잘 맞는 방식을 찾아내기까지 이 아줌마는 맨땅에 헤딩하며 눈물도 많이 흘렸다. 가장 안타까웠던 것은 시간이 참 오래 걸렸다. 나의 경험이 여러분들이 여러분들의 가장 좋은 방식을 찾는 데 조금이라도 시간을 단축시키고, 실질적인 도움이 되었으면 좋겠다.

늦깎이 아줌마의 이력서 작성 팁

✦

도대체 뭐가 문제였던 거지?

이력서는 리크루터의 연락을 받기 위한 첫 관문이다. 내가 별로 큰 고민 없이 작성했던 대학원 초기의 이력서들은 리크루터의 이목을 끄는 데 참패했다. 처참하게. 그때는 알지 못했지만, 지금 생각하면 당연한 결과였다고 생각한다. 과연 무엇이 문제였을까? 이 아줌마는 프리한 미국스타일의 이력서를 진지하게 써본 적은 없었고, 회사에서 제공하는 입사 지원서는 오래전 대학 졸업 후 구직활동을 할 때 작성해 봤다. 요즘 젊은 대학생들은 어떤 식으로 회사에 지원하는지 모르겠지만, 내가 대학교 때 입사 지원서를 쓸 때는 대부분 지원하는 회사의 입사 지원서를 얻어 손글씨로 작성했다. 입사 지원서는 학교에서 열리는 취업 설명회에서 주로 얻었다. 온라인으로 입사 지원을 하는 몇몇 회사들도 있었는데, 똑같은 입사 지원서 양식을 그저 온라인으로 입력하는 것이었다. 작성하는 곳만 다를 뿐이지 회사 입사 지원서들은 대부분 비슷한 양식을 사용했다. 제일 상단에는 증명사진도 꼭 붙여야 했다. 이 때문에 턱선 교정과 피부톤 교정을 해주는 사진관들이 인기가 있었다. 학력, 경력 등과 같은 객관적인 정보는 정해진 표에 채워 넣으면 되었다. 지금 생각해 보면 사생활 침해 혹은 부정 청탁으로 보일 수 있는 부모, 형제, 자매의 학력과 직업을 작성하는 부분도 입사 지원서에 있었다. 그 외 성장과정, 자신의 장점과 단점 등 몇몇 질문들은 정해진 형식 없이 빈 네모 칸에 짧은 에세이로 작성해야 했다. 글쓰기가 약한 공대 아줌마는 오래전 G.O.D의 히트곡 '어머님께 - 어려서부터 우리집은 가난했었고'와 비슷한 뉘앙스로 이런 부분들을 작성했던 것 같다. 잘 작성한 에세이 템플릿을 회사에 맞게 약간 수정한 후 회사 이름만 붙여넣었었는데, 이때 회사 이름을 바꿔서 입력하지 않도록 특별한 주의가 필요했다. 이런 고리타분한 오래된 경험을 바탕으로 작성한 나의 이력서는 미국 상황에 전혀 맞지 않고, 분명히 지금 한국 상황에도 맞지 않을 것이다. 나의 이력서는 단지 나의 객관적인 정보들을 순차적으로 나열하였던 것뿐이었다. 더욱이, 내가 한국에서 회사 다닐 때는, 한 분야에서 심도 있게 장기간 프로젝트를 한 것도 아니었다. 한국에서 이직을 2번 하여, 총 3개의 회사에 다녔는데, 각 회사마다 서로 연관이 없는 생뚱맞은 프로젝트를 했었다. 특히 마지막에 가장 오래 다녔던 회사의 경우, 처음에는 프로그램 개발을 위주로 했지만, 시간이 지날수록 프로그램 개발보다는 요구사항 파악, 아웃소싱 인력관리 및 자료관리 등 개발 외 업무를 주로 담당했었다. 한국에서의 최근 나의 경력과 그나마 조금이라도 비슷했던 고객의 요구사항을 파악하여 Product로 연결시키는 일을 하는 Product

Manager(PM) 직군은 나의 미천한 영어 실력으로 인해 전혀 고려하지 않았다. 나는 미국에서 영어로 의사소통을 잘 못 해도 차별이 없다고 알려진 소프트웨어 엔지니어 직군으로만 입사 지원을 했는데, 내 이력서의 경력은 소프트웨어 엔지니어 직군이 요구하는 자격요건과 딱 맞아 떨어지지 않았었다. 내 이력서가 묘사하는 나는 잘 모르는 동양의 작은 나라에서 소프트웨어 엔지니어가 아닌 다른 직군에서 근무했던 사람이 갑자기 미국에서는 직군을 바꿔 소프트웨어 엔지니어로 일하길 원하는 지원자였다.

첫 번째 수정 – 지원하는 레벨과 직무에 맞지 않는 경력 삭제

단 한 번의 리크루터의 연락조차 받지 못했던 인턴십 지원부터 내 이력서에 뭔가 문제가 있다는 것을 인지하고 나서, 제일 처음 했던 수정은 나의 경력을 줄이는 것이었다. 아무리 생각을 해봐도, 인턴 혹은 엔트리 레벨(신입사원)의 소프트웨어 엔지니어로 입사 지원을 하는데 한국에서의 맞지 않는 길고 화려한 경력이 도움될 리 만무했다. 일했던 회사마다 일관된 프로젝트 경력도 아니어서, 과감하게 마지막 회사의 미국 오기 전 했던 최근 개발 경력과 GA로 일했던 회사의 개발 경력만 남기고 모두 삭제했다. 만일 내가 PM 직군으로 지원을 한다면, 소프트웨어 개발 경력과 더불어,

고객 요구사항 관리 및 3rd party vendor들과 협상 업무 등을 이력서에 부각시켰을 것이다. 나의 첫 번째 이력서 작성 팁은 본인이 직접 했던 프로젝트들 중에서 지원하는 직무와 가장 관련이 있는 것만 남겨두고 나머지는 삭제하라는 것이다. 통상적으로 보면 소프트웨어 개발자 모집 한 자리에 많은 지원자들이 지원한다. 넘쳐나는 이력서들로 리크루터와 하이어링 매니저들은 지원자들의 이력서를 하나하나 꼼꼼하고 세세하게 다 읽지 못한다. 그러니 꼭 필요한 정보만 이력서에 남겨서 이력서를 읽는 사람들에게 내가 강조하고 싶은 키워드를 정확히 임팩트를 실어 전달해야 한다. 야구의 타율도, 골프에서 장타도 모두 임팩트 이것이 중요한 것이다. 전체 스윙 단계에서 모두 힘이 들어가면, 공은 멀리 가지 못한다.

두 번째 수정 – 리더십과 관련된
학업 외의 활동 넣기

미국에서는 리더십도 중요한 비중을 차지한다고 하니 미리 준비를 해둬야 한다. 대학원 생활 내내 항상 움츠러들어 있었던 내가 나의 리더십을 보여줄 만한 게 무엇이 있나 머리를 짜내보니, 대학원 초부터 참여했던 토스트마스터즈가 있었다. 이미 10개의 Competent communication 프로젝트와 10개의 Competent Leadership 역할을 끝냈던 터라 나의 리더십을 어필하기 위해 토스트마스터즈 활동을 이력서에 추가했다.

세 번째 수정 – 내 이력서에 리크루터가 찾는
키워드 넣기, 없으면 만들어서

이것저것 필요 없는 것을 과감하게 가지치기를 하고 리더십으로 무장한 이력서를 갖고 2번의 커리어페어에 갔었지만, 여전히 내 이메일함은 감감무소식이었다. 곰곰이 생각해 보니 이력서에 쓸쓸하게 남겨진 내 미천한 개발 경력은 여전히 리크루터들의 관심을 사는 데 부족한 것 같았다. 지원자가 많다 보니 리크루터들이 일일이 지원자의 지원서를 꼼꼼하게 읽어보는 것은 아무래도 무리가 있을 것이다. 그래서, 리크루터들은 주로 해당 포지션에서 요구되는 '키워드'로 면접 볼 대상자를 찾는다. 여기에서 중요한 포인트는 바로 '키워드'이다. 그렇다고 해서 하지도 않은 프로젝트를 내 맘대로 거짓으로 적어서 넣을 수는 없는 노릇이었다. 그래서 지원할 직무와 연관된 내 개인 프로젝트를 해보기로 했다. 실제로 내가 학교에 다니면서 학교에 한 번쯤은 있었으면 하고 바랐던 웹 시스템을 개발하여 내 이력서를 뽐낼 간단한 포트폴리오를 만들어 보기로 했다. 이에 그치지 않고 리크루터들의 이목을 끌만한 IT 분야에서 핫하고 매력적인 기능들도 추가하기로 했다. 그때 내가 생각했던 내 이력서에 추가할 매력적인 키워드들은 '추천' 시스템과 '클라우드' 서비스 연동이었다. 어떤가? 리크루터들의 이목을 잡기에 충분할 것 같은가? 적어도 나는 그렇게 생각했다.

개인 프로젝트 – 주차장 추천 시스템

이력서에 추가할 두 기능 – 추천과 클라우드 – 을 염두에 두고 내가 구현했던 시스템은 바로 '시간과 상황, 보유한 주차 퍼밋 그리고 목적지(학교 내 건물)에 따라 학교 캠퍼스 내에서 사용자가 가장 좋아할 만한 주차장을 추천하는 시스템'이었다. 나는 운전해서 학교에 갈 때마다, 시간과 상황에 따라 분명히 더 가깝고 좋은 주차장이 있는 것을 알고 있었지만, 주로 주차할 수 있는 공간이 비교적 많은 학교 건물에서 먼 주차장에 차를 주차하곤 했다. 이것이 늘 불만이었다. 좀 더 가까운 곳에 주차를 하고 싶은 욕구, 조금이라도 땡볕에 덜 걷고 싶은 게으름이 이 프로젝트를 구현하기로 마음먹게 된 가장 큰 동기였다. 앞서 학교 주차장에 대해 설명한 것에 덧붙여, 내가 다녔던 대학교 주차장과 주차 퍼밋 간의 상관관계를 간략히 요약하면 다음과 같다.

나는 한국에서 근무했을 때 웹 시스템을 개발한 경력이 있었고, 데이터베이스 모델링도 했었으며, 시스템에 대한 요구사항을 파악하여 아웃소싱 인력에 배분하는 일도 해보았기 때문에, 개발할 시스템의 요구사항을 파악하고 구현할 시스템의 범위를 정하는 일은 어렵지 않게 할 수 있었다. 또한, GA로 일하는 회사에서 웹 시스템 개발업무를 하면서 새롭게 배운 웹 개발 프레임워크(Yii, PHP기반 프레임워크)를 사용하여 기본적인 기능들 – 로그인, 주차장별 위치 찾기, 나의 주차 히스토리 보기 – 등을 쉽게 구현할 수 있었다. 프레임워크에서 제공하는 RBAC을 적용하여 사용자도 어드민(admin)과 일반 사용자 2가지로 구분하여 하였다.

내가 리크루터들을 유혹하기 위한 첫 번째 키워드로 꼽았던 '추천'기능을 위해 사용자가 입력한 목적지(학교 내 건물), 사용자의 주차 퍼밋, 시간에 따라 가장 좋은 주차장을 추천해 주는 아주 간단한 알고리즘을 구현했다. 주차장 추천은 3개의 카테고리로 제안했는데 최단 거리, 사용자의 개인 주차장 히스토리에 바탕을 둔 주차장 선호도, 또한 대중들의 주차장 선호도에 따라 이루어졌다. 두 번째 키워드 '클라우드'를 위해 시스템을 Google이 제공하는 클라우드 서비스 중 하나인 구글 맵과 연동시켜 시스템이 추천하는 주차장까지 실시간 교통 상황과 예상 주행 시간을 보여주었다. 구글 맵과의 연동은 Google에서 제공하는 다큐멘트를 따라 하면 되었고, 기억하기로는 구글 맵 서비스 사용료는 어느 정도 사용량이 되기 전까지는 무료였다. 이에 그치지 않고 관심 있는 리크루터나 면접관이 실제 클릭해 볼 수 있도록 구현한 프로젝트를 클라우드에 (heroku.com)에 배포하였고, 소스코드도 원격 리파지토리(github.com)에 올려놨었다. 한동안 heroku.com에서 DB를 업데이트해야 한다고 계속 이메일이 왔었는데, 입사를 하고 나서는 heroku.com을 쳐다도 안 봐서, 지금은 내가 올린 시스템이 heroku.com에 존재하는지도 모르겠다.

이렇게 나는 간단한 포트폴리오를 만들어 내가 직접 설계하고 구현한 웹 시스템도 공개하고, '추천'과 '클라우드', 'heroku', 'github', 'rbac' 등과 같이 내가 지원하는 직무에 내세울 만한 번듯한 키워드들을 이력서에 포함 시킨 후에야 비로소, 몇몇 회사로부터 인터뷰를 잡자는 연락을 받을 수 있었다. 그리고 결국 자랑스럽게 인터뷰를 잡는 데 성공했다. 비록 온사이트 인터뷰는 합격하지 못했지만.

나 스스로 이력서가 무엇이 잘못된 건지 깨닫는 데까지 참으로 오랜 시간이 걸렸고, 심적으로 너무 고통스러웠다. 소프트웨어 엔지니어가 일하는 분야가 다양하고, 직무마다 필요로 하는 지식과 자격요건이 있는데, 나는 지원하는 직무에 큰 연관이 없는 과거 프로젝트들만 이력서에 나열하고 있었으니 리크루터들이 나에게 관심이 없었던 것이었다. 특히, 미국에서는 무엇이든지 스스로 알아서 할 수 있는 능력을 높게 평가하니, 원하는 직군과 관련 경력이 없다고 좌절하지 말고, 미약할지라도 스스로 만들어서 이력서에 포함시키면 된다.

나와 비슷한 배경을 가지고, 나와 비슷한 마음가짐을 갖고 있는 사람들은 아마도 나와 비슷한 문제로 고민할 것이다. 항상 주어진 대로 남들이 하는 대로 맞춰서 살다 보니, 나는 어떤 분야에서 어떤 일을 하고 싶은지에 대한 뚜렷한 목표가 없었다. 나 스스로 구체적인 목표를 세울 필요가 없다 보니 내가 주체적으로 무엇을 찾아서 할 수 있는 능력이 부족했다. 지금도 내가 정말 하고 싶은 일을 찾아 주체적으로 시작하는 일은 어렵다. 사실 내가 한국 회사에서 일할 때만 해도, 이런 주체적인 생각은 장려되지 않는 분위기였다. 위에서 까라면 까는 게 미덕인 시대에 살았고, 팀장님 퇴근 전에 퇴근하면 싸가지가 통으로 날아가는 시대에 살았다. 그때는

JUST TRY IT
해보니 되는구나

이런 현실에 반항하며 산다고 살았는데도 불행히도 이것은 아직도 내 몸에 여전히 깊게 배어 있다. 나와 같이 이런 부분이 취약하지만 미국 회사에서 일하고 싶은 분들이 있다면, 지금부터라도 조금씩 자신의 목표를 찾아 한 걸음씩 나아가 보자.

늦깎이 아줌마의 이력서 작성 팁:

– 지원하는 포지션에 불필요한 경력들은 이력서에서 삭제한다.
– 지원하는 포지션이 필요로 하는 자격요건을 갖추지 못한 경우, 요구되는 자격요건이 포함되도록 개인 프로젝트를 구현하여 이력서에 필수 키워드를 추가시킨다.
– 리더십 관련 활동을 추가한다.

CHAPTER 5

실리콘밸리에서 직장 다니면서 이직 준비하기

K Group과의 첫 만남

산 넘고 물 건너 사막을 가로질러 텍사스 주에서부터 3박 4일을 운전만 하며 어렵게 실리콘밸리에 도착했다. 소프트웨어 엔지니어들이 한 번쯤 일 해보고 싶은 곳, 실리콘밸리에 내가 오게 되다니 믿기지 않았다. 미국 서부에 위치한 실리콘밸리는 내가 학교에 다녔던 미국 남부에 위치한 도시와 비교해 보면, 날씨도, 자연환경도, 주요 산업도, 인구 구성원도 모두 다른 새로운 지역이었다. 특히, 일하게 된 회사가 한국에 본사를 둔 미국 지사였음에도 불구하고, 내가 잘 아는 한국의 직장문화와는 많은 부분에서 달랐다. 인터넷 검색을 해보다 우연히 발견한 K Group 온라인 사이트에서는 한국인이 미국 베이지역(Bay Area)에서 소프트웨어 엔지니어로 일하면서 마주치게 되는 여러 가지 상황들과 고민들에 대한 유용한 정보가 많았다. 실리콘밸리는 베이지역으로 불리기도 한다. 내가 실리콘밸리에 도착한 지 얼마 지나지 않아 K Group에서 K-Night 행사를 열었다. 나보다 훨씬 먼저 실리콘밸리에 자리 잡고 계시는 개발자 선배님들도 만나고, 한국의 직장문화와 다른 미국 회사에서 슬기롭게 적응하는 팁도 배우고 싶어서 K-Night에 참석했다.

K Group 이란?

K Group은 실리콘밸리 지역에서 테크 분야에 종사하는 한인들의 자발적 조직으로, 정기적인 컨퍼런스와 네트워킹 행사를 통해 회원들 간의 기술 교류와 친목도모를 돕고 있으며, 다양한 기술분야와 취미에 따라 여러 소모임들이 자율적으로 운영되고 있는 비영리 단체이다. 단순히 IT 분야에만 그치지 않고 하이킹, 북클럽 등 다양한 소그룹 모임에서 많은 회원들이 활발하게 활동하고 있다. K Group 홈페이지(https://bayareakgroup.org)를 방문해 보면 더 많은 정보를 얻을 수 있다.

처음 참석한 K-Night에서 자신이 개발한 앱으로 스타트업을 시작한 한 창업자의 키노트를 시작으로, 선배 소프트웨어 엔지니어들의 노하우에 대한 강연을 들을 수 있었다. 강연이 끝나고 네트워킹 시간에는 옆에 앉은 실리콘밸리에서 일하고 계시는 개발자들과 담소도 나눌 수 있었다. 처음 참석한 K-Night 이후로도 K Group이 주최하는 몇몇 행사에 대부분 참여했다. 행사마다 초대된 강연자들이 공유해 주는 경험들은 어디에서 쉽게 들을 수 없는 값진 이야기였다.

세상에 이렇게 진취적이고 도전적인 한국 사람들이 많다는 사실에 충격과 감동을 받았다. 나는 한국에서 대학교를 졸업한 이후부터 직장을 꼬박꼬박 다니며 적당히 일하고 적당히 농땡이도 부리며 월급만 따박따박 받았던 터라, 빌 게이츠나 스티브 잡스처럼 자신의 꿈을 위해 끊임없이 도전하고 벤처 캐피탈에서 투자를 받아 스타트업을 시작하는 것은 '실땅님'이 나오는 드라마에서나 가능한 이야기인 줄 알았다. 생각해 보면, 나도 모르는 사이에 어느새 내 인생에 대한 진지한 고민 없이 보통 사람들이 하는 대로 서울에 있는 좋은 대학을 졸업하고, 번듯한 직장에 취직해 안정적으로 월급을 받으며 비슷한 사람과 만나 결혼을 하고, 사랑스러운 남편과 살뜰하게 아껴서, 집사고, 집 평수 넓혀가며, 아이들 잘 키우는 것이 내 삶의 목표로 자리 잡고 있었다. 지금까지 나를 가슴 떨리게 하는 나 스스로 정한 내 인생의 북극성을 설정한 적이 있었는가? 슬프게도 아무리 생각해 봐도 없었다. 그냥 부모님이 바라는 대로, 학교에서 교육받은 대로, 주변 사람들이 하는 대로, 남편이

JUST TRY IT
해보니 되는구나

시키는 대로, 미디어에서 보이는 대로 흘러 흘러 여기까지 왔다. 이렇게 무의미하게 지나온 나의 삶에도 풍파가 있었고, 기쁨과 슬픔의 드라마도, 반전도 있었지만, 내 삶의 방향성에 대해서는 내 삶임에도 불구하고 시간을 내서 천천히 심도 있게 고민해 본 적이 없었다. K Group의 행사에서 들을 수 있었던 자신의 꿈을 위해 끊임없이 도전하는 엔지니어들이 공유해 주는 경험들은 나에게 내가 진짜로 원하는 삶의 목표를 찾을 수 있게 지속적으로 자극을 주었다. 또한, 진취적으로 도전하는 스타트업 창업자들의 강연들은 나도 한번 멋지게 살고 싶다고 내 가슴을 요동치게 하기 충분했다.

K Group 이벤트 마지막에는 후원사들이 제공하는 사은품 추첨도 있다. 처음 참여했던 K-Night에서 시행한 사은품 추첨에서 우연히 좋은 상품을 타게 되었는데 왠지 이때부터 K Group과 내가 잘 맞는 것 같았다. 진짜 신기하게도 내가 참석하는 K Group의 이벤트마다 사은품 추첨에서 수많은 사람들을 제치고 항상 당첨되어 좋은 기념품을 쏠쏠하게 챙겼다. 나와 K Group행사에 같이 간 사람들은 이런 나의 기운을 받기 위해 나의 손을 잡으려고 했다. 만일 내가 계속 실리콘밸리에 있었다면, 계속 K Group이 주최하는 모든 이벤트에 참여해 한 살림을 장만했을 것이다. 워싱턴주의 Redmond에 위치한 Microsoft에 다니며 실리콘밸리와 멀리 떨어진 곳에서 지내던 동안에도, K Group의 온라인 세미나는 몇 번 참여했었다. 그때는 더 이상 K Group의 오프라인 행사에

나가지 못하게 되어 아쉬웠지만, 만약 다시 베이로 내려간다면 K Group이 주최하는 이벤트에 다시 참석을 할 것이라고 다짐했었는데, 정말 결국 다시 베이로 오게 되었다. 그냥 해본 다짐이었지만, 이런 작은 다짐들이 모여서 무의식적으로 내 삶의 방향을 정하는데 영향을 미치는 것 같다. 혹시 여러분들이 베이지역에 있는데 아직 K Group의 행사에 한 번도 가보지 않은 분이 있다면, 꼭 가보라고 추천 드린다.

스터디그룹에서
코딩 인터뷰 준비하기

◇

처음에 참석했던 K-Night의 어느 강연에서 우연히 옆에 앉았던 사람이랑 이야기를 나누다 알고리즘 스터디그룹에 대해 알게 되었다. 회사에 취직한 이후에는 더 이상의 인터뷰 준비는 없을 것이라고 예상했었는데, 내가 언제 스터디그룹에서 그저 공부만 했었나라고 생각하며 나중에 기회가 되면 한번 참석해 보기로 했다. 처음 스터디그룹에 참석했을 때에는 회사에 입사한 지도 얼마 되지 않아서 이직을 위한 코딩 인터뷰 준비보다는 사람들을 사귀려는 목적으로 참석했다. 그런데 이 알고리즘 스터디그룹은 내가 기대했던 것과 달리 무척 학구적인 분위기의 스터디그룹이였다. 나오신 분들은 다들 진지하게 알고리즘과 코딩 인터뷰를 준비했다. 나도 어쩔 수 없이 분위기에 휩쓸려 열심히 알고리즘 스터디를 따라갔다. 어딜 가든 나는 따라가기 바쁘다. 여기 스터디 멤버들은 내가 대학원 다니면서 주먹구구로 혼자 준비했던 것보다 훨씬 심도 있게 공부하고 있었다.

스터디그룹 진행 방식

　　알고리즘 스터디에서는 MIT Opencourseware(ocw.mit.edu)
의 알고리즘 강의를 듣고 한 명씩 돌아가면서 발표했다. 참나, 앞
에 나가서 발표라니 프레젠테이션은 학교 다닐 때 내가 제일 싫어
했던 것이었다. 그런데 놀랍게도 알고리즘 스터디에서는 항상 발
표를 자원하는 사람들이 있었다. 학창시절에 선생님이 "다음 발표
할 사람?"이라는 말이 끝나기가 무섭게, 반 학생들이 선생님과 눈
을 마주치지 않으려고 모두 약속이나 한 듯이 동시에 고개를 떨구
던 상황에 익숙한 나에게 이것은 신선한 문화충격이었다. 나에게
발표란 선생님께 지명되면 마지못해 준비해서 하는 것이다. 하지만
여기 미국에서의 스터디그룹에서는 서로 발표를 하려고 했다. 나도
순번이 다 돌아가서 나밖에 남지 않았을 때 자발적으로 발표를 했
다. MIT 알고리즘 강의를 끝낸 후, 고학년을 위한 심화 알고리즘
강의를 한 번 더 들었는데 이것은 나에게 너무 어려운 강의였다.
이렇게 MIT Opencourseware의 알고리즘 온라인 강의로 이론 수
업을 끝내고 leetcode에 있는 실전문제를 풀었다. 각 스터디 멤버
들 마다 실제로 인터뷰에 사용할 프로그래밍 언어들이 다르기 때
문에 코딩은 각자 알아서 따로 하기로 하고, 문제를 풀기 위한 알
고리즘에 대해 논의를 했다. 몇몇 분들과는 2~3주 동안 크런치 모
드(Crunch mode, 일종의 벼락치기)로 거의 매일 저녁마다 인터뷰 문제
의 알고리즘에 대해 논의했다. 이런 하드 트레이닝으로 인해 알고

리즘 스터디에 참여했던 많은 분들이 이직에 성공했다. 나도 그중에 한 명이다. 개인적인 성향에 따라 다르겠지만, 나는 혼자 공부하는 것보다, 알고리즘 스터디에 나가서 여러 사람들과 같이 공부하는 것이 더 효율적이었고, 같이 스터디를 했던 사람들에게 많이 배웠다. 이 알고리즘 스터디는 스터디를 진행하는 방식이 변경되었지만, 지금도 그 명맥을 유지하는 것으로 알고 있다. 만약 지금 구직 혹은 이직을 위해 코딩 인터뷰를 준비하고 있다면, 혼자 쓸쓸히 준비하지 말고, 주변에서 진행 중인 스터디에 참석해서 같은 목적을 갖는 사람들과 함께 준비해 보는 것도 좋다.

새로운 회사로 이직하기

처음 내가 실리콘밸리에 도착했을 때에는 대학원을 다니던 2년 동안 인터뷰도 못 보고 마음고생을 하다가 기적처럼 취업에 성공을 했기 때문에 당장 이직할 생각은 없었다. 사실 이직보다는 빨리 은퇴하고 싶은 맘이 컸다. 하지만 실리콘밸리에 와서 세계적으로 유명한 IT 기업에서 근무하는 소프트웨어 엔지니어들을 자주 만나다 보니, 나도 미국에서 소프트웨어 엔지니어로 일하게 된 이상, 한 번쯤은 미국에서 이름있는 누구나 다 알만한 IT 기업에서 일하고 싶은 욕망이 생겼다. 본의 아니게 알고리즘 스터디도 나가고 있어서 이직 준비는 순조로웠다. 나는 일단 시작을 하면 그래도 꾸준하게 하는 스타일이다. 자는 시간도 줄이며 열심히 하지는 않더라도 맨날 가방만 들고 왔다 갔다만 하지도 않는다. 스터디에 나간 지 8개월 정도 지나고 인터뷰가 많은 시즌인 5월쯤에 3개의 회사와 인터뷰를 보고 그 중 두 곳에 합격하였다. Microsoft와 E-bay였다. E-bay는 실리콘밸리의 산호세에 위치하고 있어서 출근하는 회사만 바꾸면 되었지만, Microsoft는 베이에서 차로 약 13시간 떨어져 있는 워싱턴주로 이사를 가야 되는 상황이었기 때문에 어떤 회사를 선택해야 하는지 약간 고민을 했다. 나의 영원한 파트너 장두 씨와 상의 끝에 우리는 워싱턴주로 이사를 가더라도 Microsoft에 가기로 결정했다. 워싱턴주의 시애틀까지 겨우 차로 약 13시간밖에 걸리지 않으니 이번에도 이삿짐센터를 쓰지 않고, 우리가 직접 차로 운전해서 이사하기로 했다. 학교에서 실리콘밸리로 이사 올 때와 달리 짐이 많아져서 Penske에서 이사 트럭을 빌려야 했다. 장두 씨는 이사 트럭을, 나는 자동차를 몰고 캘리포니아주를 떠나 워싱턴주로 향했다.

[사진12] 워싱턴주로 이주 시 렌트한 이사 트럭

JUST TRY IT
해보니 되는구나

[사진13] 워싱턴주로
이주할 때 이삿짐

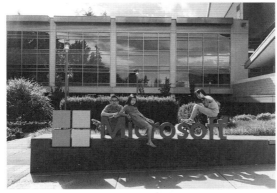

[사진14] MS visitor
center 앞에서 장두
씨와 아이들

[사진15] MS visitor
center 앞에서 저자
와 아이들

중요한 연봉 협상

　　소프트웨어 엔지니어들은 한 회사의 평균 근속연수가 긴 편은 아니다. 많은 이유가 있겠지만, 그중 하나는 소프트웨어 엔지니어는 보통 이직할 때 연봉 협상을 통해 연봉을 인상할 수 있다. 이때 카운터 오퍼(다른 회사에게 받은 오퍼)가 있으면 연봉 협상은 소프트웨어 엔지니어에게 유리해진다. 한 회사에 오래 다니면서 연봉을 인상하는 것보다 이직할 때 연봉 협상을 통하여 연봉 인상을 하는 것이 더 쉬운 편이라고 한다. 바보처럼 들리겠지만, Microsoft에서 처음 제시한 연봉이 다니고 있던 회사의 연봉보다 아주 조금이지만, 그래도 높았기 때문에 나는 카운터 오퍼(E-Bay에서 받은 오퍼)가 있었음에도 불구하고 Microsoft 리크루터와 추가적인 연봉 협상을 아예 하지 않았다. 나중에 카운터 오퍼를 가지고 이직할 회사와 연봉 협상을 잘해서 연봉을 꽤 올린 친구들 이야기를 들으니 좀 아쉬웠다. 다음에 이직 시에는 나도 한번 연봉 협상을 시도해 봐야겠다고 생각했다. 그래도 그때 당시에는 나는 만족했다. 왜냐하면, 워싱턴주는 캘리포니아주와 달리 주에서 부과하는 소득세가 없으므로, 세금까지 감안한다면 같은 연봉을 받으면 캘리포니아 주의 소득세율(소득의 10%)의 금액만큼 연봉을 올린 것과 마찬가지였기 때문이다. 더욱이, 렌트비, 기름값 등 물가를 감안하면, 빠듯한 살림에서 그래도 숨은 쉴 수 있는 살림이 된 것이었다. 이 이야기는 나중에 반전이 있는데, 비상장 회사였던 이전 회사가 내가

Microsoft로 이직한 지 얼마 되지 않아 회사 주식을 미국 주식 시장에 상장했을 때에는, 비록 속세에 얽매이지 않고 그저 '선량한 한량'으로 살고자 하는 나였지만, 회사를 그만둘 때 포기하고 나온 많은 주식들 생각에 며칠 동안 잠도 못 잘 정도로 안타까워하였다.

연봉협상-기본급, 사인온 보너스, 주식:

통상적으로 이직할 때 비교하는 연봉에는 기본급, 사인온 보너스, 주식(RSU/Stock Option)이 있다.

* 기본급 (Base Salary)
기본급은 말 그대로 직장에 다니는 한 고정적으로 받는 급여이다.

* 사인온 보너스
사인온 보너스는 회사와 계약할 때 1회 혹은 2회에 나눠서 받는 일종의 계약금과 비슷한 성격의 보너스이다.

* 주식
미국 회사들이 제시하는 연봉에는 회사가 직원들에게 주는 사주도 포함된다. 회사에서 받은 주식은 보통 일시에 지급되는 것이 아니라, 회사는 회사가 정한 Vesting 스케줄에 따라 몇 년에 걸쳐 조금씩 지급해 준다. 예를 들어 오퍼레터에 주식을 $100,000 받기로 하고, 회사의 Vesting 스케줄이 4년 동안 매년 25%씩 나누어서 지급하는 것이라면, 1년에 $25,000($100,000의 25%)씩 지급되는 것이다. Vesting 스케줄은 회사마다 다르다. 1년에 1회로 25%를 나눠줄 수도 있고, 더 자주 분기별로 주는 곳도 있고, 매달 나눠줄 수도 있다. 또한 금액을 기간에 따라 균등하게 나누지 않고, 4년 동안 첫해에는 5%, 두 번째 해에는 15% 등 오래 근무할수록 더 많은 주식을 받도록 설계하여 직원들이 입사 후 빨리 퇴사하지 못하도록 유도하기도 한다. Vesting 스케줄 이전에 회사를 이직하게 될 경우 이직하는 날 이후에 받기로 한 주식은 받지 못한다.

예를 들어 첫 번째 회사에서 1년 3개월만 다닌 나는 1년 치 주식을 살 수 있는 권리가 있었고(비상장 주식), 퇴사할 때 그 1년 치 주식을 샀다.

정확하게 연봉을 비교하기 위해서는 의료보험의 종류 및 커버리지, 401K 매칭과 같은 회사에서 받을 수 있는 모든 베네핏도 포함해 봐야 한다. 개인적으로는 이런 혜택은 회사마다 다르고 다들 어련히 알아서 잘 해주겠지라고 생각하며 나는 연봉 비교할 때 회사가 제공하는 베네핏 차이를 굳이 따지지는 않았다.

인터넷에 회사별 대략적인 연봉을 알려주는 사이트들이 많이 있다. 그중에서도 나는 https://www.levels.fyi/를 많이 참조했다. 이 사이트는 회사별 베네핏을 보여주는 페이지에는 회사에서 제공하는 베네핏 정보와 이를 환산된 금액으로 보여주므로, 연봉 비교 시에 참조하기 편하다. 미국 회사는 같은 직군, 같은 레벨이라도 베이스셀러리는 비슷하지만 주식과 타겟 보너스에 따라서 연봉 편차가 한국보다는 많이 큰 편이므로, 인터넷에 나와 있는 자료는 연봉 협상 시 대략적인 연봉의 범위 정도로 참조만 하길 바란다.

또한, 회사는 공개하되, 개인의 익명성을 보장해주는 '블라인드'라는 앱도 종종 이용했다. 대략적인 회사나 팀의 분위기나, 회사 내부의 돌아가는 상황(Layoff, Hiring freezing, interview process) 등을 파악하기에 좋았다. 하지만 이 앱에서는 연봉 정보를 참조하지 않았다. 왜냐하면, 블라인드에서는 내가 엄두도 못 낼 큰 금액을 제시하는 오퍼를 받고도 이 오퍼가 적정한지 묻는 게시물에서조차, 거의 'lowball(낮은 오퍼)'이라고 답글이 달리기 때문이다. 계속 읽다 보면 나도 모르게 상대적 박탈감이 찾아와서, 그냥 이 앱에서는 너무 똑똑하고 특출난 사람들만 연봉에 관해 이야기 하는구나라고 생각하고 더 이상 연봉에 관해서는 블라인드에서 정보를 찾지 않았다.

CHAPTER 6

구글로 이직하기

Google은 많은 소프트웨어 엔지니어들이 일하고 싶어 하는 회사 중 하나이다. Google은 높은 급여와 좋은 복지, 무료 삼시 세끼 제공, 워라밸, 회사의 네임벨류, 흥미 있는 프로젝트들, 엔지니어 중심의 문화 등을 내세워 능력 있는 엔지니어들을 유혹한다. 겨우 보통의 능력을 가진 나였지만, 많은 다른 엔지니어들처럼 나도 처음 대학원을 시작할 때, Google에 입사하기를 목표로 삼았다. 나에게 있어서 Google은 그저 대학원 졸업 후 미국 취업이라는 목표를 구체화, 가시화시키기 위한 세계적인 IT 기업 중 하나로서의 예시였지, 반드시 Google 아니면 안 된다라는 집착은 아니었다. 하지만, 현재 Google에 입사하여 Googler가 된 지금 나는 내가 미국 생활을 시작할 때 세웠던 목표를 이룬 것 같아 정말 뿌듯하다.

지금도 Google은 많은 소프트웨어 엔지니어를 고용하고 있고, 많은 엔지니어들이 지원하고 있다. Googler가 된 후, 비단 한국 분들뿐만 아니라, 중국, 인도 등 주변의 여러 사람들이 나에게 어떻게 Google과 인터뷰 준비를 해야 하는지 물어보았다. 하여, 나의 Google과의 인터뷰 후기를 공유해 보려고 한다. 정확히 말하면, Google만을 위한 인터뷰 후기는 아니다. 미국에서 이직하기 두 번째 이야기 정도일 것이다.

나는 캘리포니아의 실리콘밸리로 다시 돌아가고 싶었다. 나의 체 감상으로 환상적으로 아름다운 여름 3개월을 제외하고는 항상 비가 오거나 먹구름이 짙게 내리깔리는 날이 대부분인 워싱턴주의 레드몬드에서 우중충한 날씨를 참아내는 것은 여간 어려운 일이 아니었다. Microsoft를 약 4년간 다니며 하루 종일 흐리고, 비 오는 날들을 견뎌내며, 항상 햇살이 내리쬐는 베이지역으로 다시 돌아가고 싶었다. 수개월 간 지속적으로 해를 보지 못하니까, 진심으로 어떤 회사라도 좋으니 해를 볼 수 있는 캘리포니아로 돌아가고 싶었다. 이것은 개인 취향이다. 나무가 많고 국립공원이 많은 워싱턴주를 좋아하는 사람도 많다. 이번에 만약 캘리포니아로 이직을 실패한다면, 베이지역의 서니베일에 위치한 Microsoft의 다른 부서로 내부 이동을 시도해 봐야겠다고 생각도 했었다. 하지만, Microsoft의 서니베일 오피스에서는 나와 비슷한 백그라운드를 가진 실무 엔지니어들이 일하는 부서라기보다는 리서치 중심의 조직이어서 이동이 쉽지 않을 것이라고 예상하고, 이 옵션을 최후의 보루로 남겨놓았다. 워싱턴주의 흐리고 비 오는 날씨를 정말 견디기 힘들었을 뿐, Microsoft, 회사 자체는 Google과 마찬가지로 정말 좋은 회사라고 생각한다. 날씨 때문에 몸서리치게 우울했음에도, 빨리 이직을 시도하지 않고, 4년이란 오랜 기간을 버틸 수 있었던 이유는 바로 회사 후원으로 진행했던 영주권 때문이었다. 회사에서 권고사직을 당하거나 자의로 회사를 떠나게 될 경우 USCIS가 정한 Grace period 안에 다시 비자를 후원을 해줄 회사를 찾지 못하면, 미국을 떠나야만 하는 취업 비자(H1b)를 갖고 있는 외노자 신분이었던 나는 장기간 미국에서 안정적으로 생활을 하기 위해, 영주권과 같은 회사의 후원 유무와 상관없이 미국에 머무를 수 있는 비자가 꼭 필요했다. 이 영주권이 있어야 만약 회사에서 잘리더라도, 시간의 제약에 상관없이 미국에 머무르며, 여유를 갖고 다시 취업 준비할 수 있다.

코로나 팬데믹으로 인한 USCIS 셧다운과 약 8개월간의 Audit 과정을 거치며 Perm을 시작한 지 3년 만에 영주권을 취득하였다. Perm을 시작하기 위한 서류 준비 및 회사 이민 변호사 선정 등도 몇 달 걸렸으므로, 준비기간까지 치면 총 3.5년 정도 걸렸다. 나는 이 영주권을 취득한 순간부터 캘리포니아로 다시 돌아가기 위해 슬슬 인터뷰 준비를 시작해 보기로 마음먹었다. 영주권 진행과 코로나 때문에 한국을 한동안 못 가본 터라, 한국방문 후 본격적인 인터뷰 준비를 하기로 했다. 나의 시험 준비 성향은 오래 끄는 것보다 단김에 빼는 것을 좋아한다. 내가 Google로 이직을 위해 준비했던 과정을 나열해 보았다. 본격적으로 인터뷰를 준비했던 3단계, 4단계를 되도록 짧게 3개월에 마칠 수 있어서 다행이었다.

JUST TRY IT
해보니 되는구나

Google 이직을 위한 인터뷰 준비 과정

1. 사전조사 및 동향파악
2. 배경 지식 쌓기
3. 본격적으로 인터뷰 준비하기
   a. 인터뷰 스터디 참여하기
      i. 코딩 인터뷰 준비
      ii. 시스템 디자인 인터뷰 준비
      iii. 리더십 프린시플 준비(인성면접)
   b. 실전 인터뷰에서 경험 쌓기
4. 인터뷰 플랜 짜기

사전조사 및 동향 파악

⇔

이전에 Microsoft로 이직하기 위해 인터뷰 준비를 해보았다고 하더라도, Microsoft를 다녔던 약 4년 동안 전혀 인터뷰 준비를 하지 않았었기 때문에 먼저 요즘 인터뷰가 어떤 식으로 진행되고 있는지 조사를 할 필요가 있었다. 사전조사라고 해서 거창한 것은 아니고, 최근에 인터뷰를 봤던 사람들에게 인터뷰 경험에 대해서 물어보고, 어떻게 준비를 했는지 물어보면 된다. '블라인드' 앱이나 리트코드의 'discuss' 섹션과 같은 인터넷 게시판에 공개된 인터뷰 후기들을 읽는 것도 도움이 되지만, 나는 주로 주변 사람들에게 물어보았다. 다음은 내가 이직하기 위해 파악한 그때 당시의 최신 인터뷰 동향이다. 4년이란 시간이 짧지 않기 때문에 이전의 인터뷰 동향과는 약간 달랐다. 단언컨대, 앞으로도 계속 인터뷰 문제 출제 경향은 달라질 것이니, 그저 내가 취했던 방법은 참고만 하기 바란다.

여러 사람들에게 지나가는 말로 물어본 것 중 공통적인 부분을 추려보았다.

* 시스템 디자인 인터뷰

a) 시스템 디자인은 요즘 현업에서 많이 쓰이는 분산시스템을 주로 물어본다.

b) Design Data Intensive Applications(DDIA)는 분산시스템에 대한 기본 개념을 쌓기 위한 필독 도서이다.

* 코딩 인터뷰

a) 문제 난이도가 예전보다 쉬워졌다.

b) 요즘은 Dynamic Programing(DP) 문제는 잘 안 나온다.

* 리더십 프린시플 인터뷰

a) 예전에는 아마존 인터뷰에서 특히 강조했었지만, 요즘에는 많은 회사들도 비슷한 유의 질문을 한다.

b) STAR (Situation, Task, Action, Result) 를 이용하면 도움이 된다.

배경지식 쌓기

✦

혹시 진행 중인 인터뷰 준비 스터디가 있는지 알아보던 중, 지인으로부터 진행 중인 시스템디자인 스터디 이야기를 들었다. 바로 그 스터디에 조인을 하려고 했지만, 스터디는 약 3개월 과정이었고, 이미 스터디가 시작한 뒤 한 달쯤 지난 상태였기 때문에, 중간에 합류하는 것보다는, 몇 달 뒤에 같은 커리큘럼으로 처음부터 시작을 하는 2기 스터디에 합류하는 것이 나을 것 같았다. 나는 다양한 백그라운드를 가진 사람들이 각자의 시각으로 자유롭게 이야기할 수 있는 개방적인 스터디를 추구했다. 나도 평소 Microsoft에서 하던 일이 업계에서 꽤 많이 쓰이는 빅데이터 스트리밍 플랫폼을 관리하던 것이었던 터라 어느 정도 분산 시스템에 대한 배경지식이 있었다. 어떤 스터디에 참석을 하더라도 내 나름대로 스터디에 공헌할 수 있을 것이라 생각했다. 그러나 당장 합류할 수 있는 스터디가 없으니 2기 스터디가 열릴 때까지 기다리며 다른 방법을 모색해 보기로 했다.

"Designing Data-Intensive Applications(DDIA)" 읽기

DDIA책은 인터뷰 동향 파악을 하다 처음 알게 된 책이다. 당시 이 책은 시스템디자인 인터뷰를 볼 때 내가 선택한 컴포넌트의 기본 개념을 설명하고, 다른 컴포넌트들과 비교하여 어떤 장점이 있는지 썰을 풀기 위해서 꼭 읽어야 하는 필독 도서로 통용되고 있었다. 이 책은 백엔드 엔지니어라면, 인터뷰 준비를 하지 않더라도 한 번쯤 읽어두면 좋은 책이다. 마음은 굴뚝 같았지만, 이 책을 읽어내는 것이 쉽지 않았다. 내용이 어려워서, 내용이 이해가 잘 안 갔으니, 진도가 나가지 않았다. 아무래도 나 혼자 읽기에는 읽다가 중간에 포기할 것 같아 보였다. 그래서 K Group 게시판에 주말마다 DDIA책을 온라인으로 같이 읽으실 분을 모집하는 글을 올려보았다. 많은 기대를 한 것은 아니었고, 단 한 명만 있어도 족하다고 생각했다. 다행히 2명이 조인하였다. DDIA는 총 12 챕터로 구성되어 있는데, 일주일에 한 챕터씩 각자 읽어 온 후 스터디에서 궁금한 부분을 토론하기로 하고 총 12주 과정으로 진행하기로 했다.

당연히 처음 몇 번은 스터디 전에 모두 읽고 스터디에 참여했지만, 나중에는 자연스럽게 벼락치기로 읽게 되었다. 이렇게 하면 안되었지만, 시간이 갈수록 벼락치기 하는 시간도 줄어들었다. 핑계를 들자면, 회사 일도 바빴지만, 책의 내용도 뒤로 갈수록 점점 어려워지니 그냥 책을 읽기 싫었다. 하지만 나는 끝까지는 못 읽었더라도 스터디 시작 전에 조금이라도 DDIA책을 읽고 이해하려고 노력했다. 더 중요한 것으로, 매주 스터디에 빠지지 않고 참여했다. 그리고 내가 아는 부분에 대해서는 적극적으로 토론에 임했다. 운이 좋게도, 같이 스터디를 하시는 분들도 중도에 포기하지 않고 본인의 페이스대로 스터디에 매주 임했다. 어떤 때는 놀러 간 와중에도, 한 시간 정도 시간을 내서 스터디에 들어왔다. 이것이 온라인 스터디의 장점이 아닌가 싶다.

나는 스터디에서는 절대 비난과 강요는 없어야 된다고 생각한다. 그래야 그 스터디가 지속될 수 있기 때문이다. 또한 스터디는 누가 누구를 가르치는 형태여서는 안된다고 생각한다. 스터디는 진도를 나가기 위해 필요하고, 멤버 각자가 스터디에 참여한 만큼 얻어가는 것이라고 생각한다. 가령 언제까지 어떤 챕터를 정리하고, 만약 못한다면 벌금 혹은 퇴출이라는 강요가 있었다면, 나는 아마도 일찌감치 스터디를 포기했을 것이다. 부족한 부분도 많았지만, 나는 수박 겉핥기라도 여차저차 하여 결국 DDIA책 12챕터를 다 읽었다. 절대로 혼자라면 못했을 것이다. 아마 앞 챕터만 몇 번 읽었을 것이다. 이게 바로 함께 하는 것의 힘이 아닌가 한다. 나는 백엔드 소프트웨어 엔지니어라면 DDIA책은 한 번쯤 읽어보라고 권하고 싶다. 만일 책을 다 읽기 어렵다면, DDIA의 'Part 2. Distributed Data'는 한 번쯤 읽어보면 좋을듯하다. Youtube에도 DDIA 강좌가 여러 개 올라와 있으니, 주말에 정말 정말 정말 할 일이 없으면, 미친 척 하고 2배속, 3배속이라도 한번 들어보면 좋을 것 같다.

본격적으로 인터뷰 준비하기

⇔

나는 인터뷰를 준비하기 위해서는 스터디만큼 좋은 것은 없다고 생각한다. 어떤 사람들은 스터디가 안 맞다고 하는 사람들도 있다. 고민할 것 없다. 각자 본인에게 제일 좋은 방법으로 준비하면 된다. 나는 처음 스터디를 했을 때 내가 아는 것을 말하면 다른 사람들이 내가 힘들게 알아낸 지식을 거저먹는 것이라고 생각해서 많이 준비하면 할수록 나에게는 스터디가 비효율적이라고 생각한 적이 있었다. 그때의 나는 스터디에서 무엇을 얻어갈지만을 생각했던 것 같다. 하지만 이제는 생각이 바뀌었다. 그리고 스터디의 힘을 믿는다. 스터디는 다른 사람으로부터 내가 무엇을 공짜로 얻는 것이 아니라 내 자신이 스터디에 참여한 만큼 얻어가는 것이다. 내가 아는 것을 풀어내면 낼수록 다른 참여자들도 토론에 참여하게 되고 이야기는 풍성해진다. 그러면서 배우게 된다. 윈-윈이다. 내가 알아낸 것을 뽐내면 뽐낼수록 다른 사람들도 지지 않고 뽐낸다. 그러면서 서로 배우는 것이다.

나는 그때 당시 워싱턴주의 레드몬드에 있었기 때문에 시애틀에 기반을 둔 한인 엔지니어 모임인 '창발(https://www.changbal.org/)'에서 주관하는 스터디에 참여했다. 처음에는 시스템디자인 인터뷰만 일주일에 1번씩 참여하다가 스터디에서 만난 사람들이 따로 코딩 인터뷰 스터디도 하고 있다고 해서 그 스터디에도 조인하였다. 그래서, 일주일에 총 2번 코딩 인터뷰와 시스템디자인 인터뷰 스터디를 했다. 가끔씩 시간이 되면 다른 코딩 인터뷰 스터디도 참여했는데, 그 스터디에는 그리 오래 참석하지 않았다. 이번에 참석한 스터디는 모두 온라인 스터디였다.

코딩 인터뷰 준비

스터디 참여 - 코딩방

매주 스터디 멤버들이 돌아가며 리트코드에서 3~4개의 코딩 인터뷰 문제를 선정하여 스터디 시간 전에 슬랙(Slack) 채널에 공유하였다. 스터디가 매주 월요일이었기 때문에 스터디 멤버들이 문제를 풀 시간을 충분히 주기 위해 적어도 주말 전에 문제를 공유하였다. 스터디 시간에는 문제 푼 것을 발표하고 싶은 사람이 있으면 돌아가면서 발표를 했다. 모두 같은 문제를 풀어오기 때문에 알고리즘과 풀이가 비슷하더라도, 누군가 발표하고자 하면 제지하지 않았다. 가끔 문제를 위한 문제만 푸는 사람들이 있는데, 그렇게 인터뷰를 준비하면 상당히 비효율적으로 스터디를 이용하고 있는 것이다. 왜냐하면, 인터뷰 문제를 푸는 것은 혼자서도 충분히 연습할 수 있지만, 내가 푼 문제를 잘 설명하는 연습은 혼자 하기 어렵기 때문이다. 인터뷰에서는 단지 주어진 문제만 풀면 끝나는 것이 아니다. 자신이 코딩한 것을 직접 면접관에게 잘 설명하는 것도 인터뷰의 중요한 부분이다. 스터디를 참여할 때 무엇을 연습하고 싶은지 잘 알아야 한다. 풀이가 비슷하다고 해서 자신의 풀이를 발표하는 것이 불필요하다고 생각하는 사람이 있는데, 그렇게 생각하지 않았으면 한다. 본인의 솔루션을 간결하고 정확하게 전달하는 연습을 해보기 바란다. 혼자 이 연습하는 것은 혼자 문제를 푸는 것보다 많이 쑥스럽고, 다른 사람들에게 설명하는 것은 자신에게 설명하는 것이랑 많이 다르기 때문이다. 스터디에서 문제 선정은 딱히 강요된 테마는 없었고 문제 선정자 자유였다. 나도 몇 번 문제를 냈는데 그냥 그날 끌리는 대로 무작위로 냈다. 스터디 멤버 중 한 분이 다시 인터뷰 준비를 시작하기 위해, 스터디에 합류를 하면서, 예전에 자신이 준비했었던 코딩 인터뷰 문제들을 상기시키기 위해 한 달 정도 본인이 자처해서 매주 테마를 정해 그에 해당하는 인터뷰 문제를 선정하기도 했다. 나를 포함한 스터디 멤버들은 운이 좋게도 그분 덕분에 코딩 인터뷰에서 커버해야 할 전반적인 파트들의 코딩 문제들을 한 번에 쫙 훑을 수 있었다. 인터넷에 각 분야별 기본 문제들만 추려놓은 리스트들도 많으니, 처음 코딩 인터뷰를 준비한다면, 그런 문제들로 시작해 보는 것도 좋다.

　미국에서 두 번의 이직을 하면서 두 번의 코딩 인터뷰 스터디에 참여를 하였는데, 개인적으로는 첫 번째 스터디 방식보다 나중에

했던 스터디 방식이 나에게 더 맞았다. 첫 번째 스터디는 원론적인 것에 치중해서 초반에는 온라인으로 알고리즘 대학수업을 같이 공부했다. 그리고 그 이후에 리트코드를 통해서 실전 코딩 인터뷰를 준비했다. 첫 번째 스터디에서는 스터디 멤버마다 사용하는 프로그래밍 언어가 달라 실제로 구체적인 코딩은 공유하지 않고, 그저 문제를 풀기 위한 알고리즘만 공유했다. 반면에 두 번째 스터디에서는 프로그램 언어가 달라도 서로 풀어온 솔루션을 공유하고 설명했다. 어떤 알고리즘으로 코딩 문제를 접근하면 좋겠다라고 말하는 것과 실제로 문제를 풀고, 자신에 솔루션에 기반해서 알아듣기 쉽게 설명을 해보는 것은 분명히 차이가 있다. 첫 번째는 더 많은 문제를 빠르게 훑어볼 수 있는 장점이 있고, 두 번째는 실제 코딩 인터뷰를 보는데 필요한 기술을 연습하는 데 치중한 것이다. 나는 실전연습을 더 선호하기 때문에 두 번째 스터디 진행 방식이 나에게 더 맞았던 것 같다. 여러분들도 자신들의 성향에 잘 맞는 스터디를 꾸려가면 좀 더 재미있게 스터디에 참여할 수 있고, 인터뷰에서도 더 좋은 결과가 있을 것이다.

기본 코딩 패턴 만들어 숙지하기

처음에는 잘 몰라서 답을 보고 외우더라도, 어쨌든 문제를 스스로 풀어보고, 본인이 사용하는 컴퓨터 언어를 토대로, 코딩 인터뷰에 많이 나오는 코딩 패턴을 숙지해 놓아야 한다. 가령 예를 들면, 코딩 인터뷰에 자주 사용되는 ArrayList를 정렬하는 법에 대해 추가적으로 레퍼런스를 찾아보지 않고 술술 코딩을 할 수 있게 자신만의 한 가지 패턴을 만들어 놓는 것이다. 나는 실무에서 코딩을 하면서 ArrayList를 정렬해야 하는 경우가 거의 없었으므로, 처음에는 ArrayList를 정렬하는 것이 손에 익지 않았다. 그러다 보니, 인터뷰 문제를 풀 때마다 인터넷에서 처음으로 찾은 레퍼런스를 참고해 매번 다른 방식으로 ArrayList를 정렬하였다. 그러다 보니 문제의 핵심보다 이런 기본 작업들을 위한 코딩에 시간을 할애하게 되었고, 당연히 코딩 결과물도 그다지 좋지 못했다. 그러니 몇 가지 자주 쓰이는 기본 작업들을 수행하는 코딩 패턴을 숙지해서 그대로 이용하면 문제에서 물어보는 알고리즘에 더 치중해서 코딩을 할 수 있다. 물론 대부분의 면접관은 인터뷰 중에 온라인으로 레퍼런스를 찾아보는 것에 아무런 페널티를 부과하지 않지만, 그렇게 레퍼런스를 찾아야 한다는 것은 문제를 푸는 시간을 지체시키고, 더욱이 레퍼런스가 잘 찾아지지 않는다면, 면접자가 많이 당황하게 되므로, 자신의 실력을 제대로 발휘할 수 없게 된다. 그러니 자주 쓰이는 코딩 패턴들은 숙지하고 고민 없이 그대로 사용하는 것이 좋다.

다시 한번 말하지만, 문제만을 위한 문제풀이에 집중하지 말고, 문제를 적절하게 잘 풀고, 면접관이 나의 미래의 팀원이라고 생각하고 내 솔루션을 잘 이해하도록 침착히 설명하는 것 모두 중요하다.

시스템디자인 인터뷰 준비

지금에 와서 말하지만, 내가 운 좋게 참여했던 시스템디자인 스터디의 커리큘럼은 시스템디자인 인터뷰를 준비하기에 너무나 완벽했다. 기다린 보람이 있었다. 커리큘럼을 만들어 주신 분께 너무 감사드린다. 정말 필요한 부분만 쏙쏙 정성스럽게 뽑아 축약하여 집대성해 놓았다. 그렇다고 한 명의 강사가 모든 부분을 알려주는 방식은 절대 아니다. 스터디 참여자들이 커리큘럼 중 원하는 파트에 사인업을 해서 해당 분야를 공부를 하고, 스터디에서 공부한 내용을 발표하는 방식으로 진행되었다. 다시 한번 말하지만, 스터디는 자신이 스터디에 참여한 만큼 얻어가는 것이다. 나는 커리큘럼 중에 내가 가장 많이 알고 있는 분야 중 한 꼭지인 Apache Kafka를 맡아서 최선을 다해 내가 아는 지식을 뽑냈다. 그리고 다른 분들도 진심으로 자신이 아는 것들을 많이 뽑내주었기 때문에, 스터디하는 동안 서로 같이 많이 배웠다.

시스템디자인이라는 분야는 상당히 준비하기가 까다롭다. 왜냐하면, 코딩 문제처럼 따로 정해진 답이 없이, 거의 모든 시스템디자인 문제들은 솔루션 A는 이 부분이 좋고, 솔루션 B는 저 부분이 좋은데 이런 환경에서는 어떤 솔루션을 왜 선택해야 하는가에 대한 Trace off 식이 답이기 때문이다. 그 범위가 방대해서 아무리 공부를 열심히 한다고 해도, 모든 부분을 다 커버하기 힘들다. 준비하는 사람의 입장에서는 이 점이 심리적으로 항상 부족하다고 생각하게 만든다. 하지만 주눅 들지 말고, 그저 요즘 많이 묻는 분야인 '분산' 시스템을 중심으로, 기본 개념과 현재 많이 쓰이는 솔루션을 이해하고, 주어진 문제에 대해서 왜 이 솔루션을 선택했는지 나름대로 정당한 이유를 들어 면접관에게 설명하면 된다. 그리고 제시한 솔루션에 대해서 면접관이 추가로 물어보는 질문들에 대해서 성실하게 자신의 생각을 전달하면 된다. 너무 방대한 범위 때문에 어렵게 느껴질 수 있지만, 반대로 면접관도 신이 아니고, 평범한 인간이라 모든 부분을 알기 어려운 것도 사실이니 시스템에 대한 기본 개념을 장착하고, 면접관과 같이 시스템을 디자인한다고 생각하고 면접관과 소통하는 것에 초점을 맞추면 된다.

만약 본인이 제시한 솔루션에 허점이 있고, 면접관의 지적이 일리가 있다면, 실망하거나 당황하지 말고, 면접관의 의견이 맞는다고 인정하고, 거기서부터 다시 시작하면 된다. 이것은 현장에서 디자인 리뷰할 때 빈번히 일어나는 일이니 "You're right. Good point."라고 말하며 상대방의 의견을 받아들이고, 자연스럽게 넘어가면 된다. 또 한 가지 다른 팁은, 나는 잘 모르지만, 면접관이 잘 아는 분야인 경우에 대해서 이야기 하는 경우가 생긴다면, 괜히 어쭙잖게 반항하지 말고, 솔직히 잘 모른다고 이야기하면 된다. 하지만, 모른다고 거기서 끝내지 말고, 잘 모르는 부분에 대해서 면접관에게 질문을 해보는 것이다. 막연하고 추상적인 질문 말고, 구체적인 질문을 해서 면접관에게 답을 얻어내고, 또 자연스럽게 넘어가면 된다. 만약 면접관이 심통을 부리거나 자신이 잘 아는데도 잘 가르쳐 주지 않는 못된 행동을 한다면, 그 회사는 포기하면 된다. 면접관은 나의 미래의 동료가 될 것이다. 그런 사람과 일하는 직장을 선택해야 할 이유는 없다. 몇 가지 예를 들었지만, 쉽게 말해, 면접관을 팀 동료로 생각하고, 시스템디자인 인터뷰를, 실제 업무에서 가끔씩 하는 디자인 리뷰를 한다고 생각하면 된다.

시스템디자인 인터뷰 스터디를 마치고, 실제 인터뷰하는 것처럼 서로 면접관과 지원자가 되어 롤플레이를 하는, 시스템디자인 막(Mock) 인터뷰도 진행이 되었는데, 나는 그때 오퍼(Google이 아닌 다른 곳)를 받은 곳이 있어서, 막 인터뷰는 참여하지 않았다. 신기하게도 일단 오퍼를 받으면 갑자기 스터디가 하기 싫어진다.

리더십 프린시플 준비

STAR

리더십프린시플은 따로 스터디를 하지 않았지만, 여러 회사들과 인터뷰를 보면서 예전보다 비중이 높아졌다고 느꼈다. 나는 리더십 프린시플은 스터디가 아니라 실전 인터뷰를 통해서 준비하기로 했다. 처음 몇 번은 제대로 말도 못 하고 버벅거렸지만, 인터뷰 보는 횟수가 늘어나면서 점차 이야기의 토픽과 포맷이 잡혀갔다. 내가 이용했던 방법은 어느 리크루터가 알려준 STAR이다. 이야기를 풀어나갈 때 STAR의 순서로 풀어나가면 된다. Situation,

Task, Action, Result 순이다. 어떤 상황(S)에서 어떤 임무(T)를 맡고 있었는데, 어떤 문제가 있었고, 내가 어떤 행동(A)을 해서 결과(R)가 이래저래 했다. 결과는 정량적으로 숫자로 나오면 좋지만, 수치로 만들어 내기 어렵다면, 대략적인 결과와 배운 점을 이야기하면 된다. 몇몇 개의 경험에 대해서는, 미리 STAR를 만들어 놓았다. 또한, 순서를 잊지 않기 위해 앞에 STAR를 써놓았다. 이렇게 만들어 놓은 STAR는 어떤 리더십 프린시플 문제에서도 적당히 서두와 결말을 변형하여 이용할 수 있다. 좀 더 구체적으로 말하면, STAR는 에세이로 치면, 본문이라고 생각하면 된다. 주어진 문제에 맞게 한두 문장으로 서론을 시작하고, STAR를 중간에 끼워 넣고, 서론에 이야기했던 것을 다시 한번 결론에서 집어주면 되는 것이다. 개인적으로 생각하기에 STAR를 작성할 때, 굳이 과장할 필요도 꾸며낼 필요도 없다. 그저 소프트웨어 엔지니어라면 누구나 한 번쯤 있는 간담이 서늘했던 무용담이나, 성공적인 런치(Launch)를 STAR 구조에 맞게 작성하면 된다.

실전에서 인터뷰 경험 쌓기

인터뷰 스터디를 하는 것도 중요하지만, 실전에서 압박을 받으면서 인터뷰를 보는 경험도 중요하다. 시간 관리, 스트레스 관리, 인터뷰에 익숙해지기, 예상치 못한 상황에서 대처하기 등을 배우려면 실전 인터뷰만큼 확실한 방법도 없다. 따라서, 나는 스터디를 시작함과 동시에 그동안 나에게 연락을 취했던 리크루터들에게 메시지를 남기기 시작했다. 한 가지 주의할 점은 초반에는 자신이 목표로 하는 회사와 인터뷰를 보는 것이 아니라, 실전 인터뷰 연습용으로, 인터뷰에서 떨어져도 상관이 없는 회사들로 라인업을 하는 것이다. 이직 준비를 하고 있지 않을 때에는 리크루터들에게 자주 연락이 왔다고 생각했는데 막상 연락을 하려고 연락 온 리크루터들을 추려보니 생각보다 별로 없었다. 일단 나에게 먼저 연락을 주었던 리크루터들과 인터뷰를 잡고, 폰 인터뷰를 잡았다. 짐작하겠지만, 인터뷰 준비 시작과 동시에 인터뷰를 본 것이기 때문에, 결과는 거의 다 떨어진다고 보면 된다. 알고 맞아도 매는 아프듯이, 당연히 떨어질 것이라고 예상은 하지만, 막상 떨어지면, 가슴은 쓰리고, 심적으로도 다운된다. 그래도 계속 실전 인터뷰를 시도하는 것이 실제로 가고 싶은 회사와 인터뷰를 보게 될 때 많은 도움이 된다고 생각한다. 그러니 '되도 안 갔을 거야.'라고 위로하며 계속 시도해야 한다.

나는 이 실전 인터뷰를 통해서 당연히 인터뷰 연습도 했지만, 내가 미처 준비하지 못했던 한 가지를 파악할 수 있었다. 대부분의 인터뷰에서는 면접관들이 인터뷰 마지막 약 5분 정도가 남으면 지원자에게 혹시 지원한 회사에 대해 궁금한 것이 있는지 물어본다. 처음에는 당연히 그런 질문이 있을 것이라고는 예상하지 못했기 때문에 어떤 질문을 해야 하나 많이 당황했다. 더욱이 초반에는 실전 연습용으로 회사들과 인터뷰를 본 것이라 지금 나와 인터뷰를 보는 회사가 어떤 회사인지 정확하게 모른적도 있었다. 하지만, 나중에는 아주 일반적인 질문을 만들어 놓고는 어느 회사와 인터뷰를 보더라도 이런 유의 질문을 받게 되면 즉시 준비한 질문을 할 수 있도록 했다. 그러면 다른 질문을 생각할 틈도 없이 5분이 후딱 지나갔다. 내가 만들어 놓은 질문은 "당신이 생각하는 이 회사의 장점과 단점이 각각 무엇입니까?"는 것이었다. 지극히 오픈된 형식의 개인 의견을 묻는 질문이라서 살짝 당황한 면접관도 있었고, 진짜 솔직하게 답변해 준 사람도 있었고, 그냥 자신의 의견 없이 회사의 입장을 대변하여 AI와 같은 답변을 해주는 면접관도 있었다. 온사이트 면접을 보게 되면 4~5세션을 거치며 만난 4~5명의 면접관에게 일부러 똑같이 이 질문을 물어봤는데, 4~5명의 소수의 의견이었지만 그래도 회사에 대한 직원들의 중지를 읽을 수 있어서, 회사 분위기 파악에 도움이 되었다.

나에게 먼저 연락 온 회사들과만 인터뷰하기에는 생각보다 그 숫자가 너무 부족해서, 링크드인에서 간편하게 지원할 수 있는 회사들로 범위를 넓혔다. 회사 자체 커리어 사이트에서 직접 지원을 하려면, 생각보다 많은 정보를 넣어야 하기에 이 방법은 되도록 피했다. 실전 인터뷰는 약 2달에 걸쳐서 했는데 거의 매주 3회(3시간~5시간) 정도 인터뷰를 보았다.

인터뷰 플랜짜기

　이번 인터뷰 준비를 하면서 가장 잘하지 못한 점이 인터뷰 스케줄 잡기였다. 앞서 말했듯이, 한국에 가기 위해 개인 휴가를 다 사용한 후, 바로 인터뷰 준비를 하게 되어서 인터뷰를 보기 위해 추가적으로 휴가를 사용할 수 없었다. 그래서 실제 업무시간에 시간이 날 때마다 인터뷰를 보게 되었는데, 실제 업무와 병행하면서 체력 소모가 많은 인터뷰를 보려고 하니 정신적으로나 육체적으로 힘들었다. 어떤 날은 인터뷰 보기 전까지 회사 일을 어느 정도 마무리 짓기 위해 인터뷰 보기 전날 밤 12시까지 일을 하고, 커밋을 올리고, PR(Pull Request)을 보낸 적도 있다. 당연히 컨디션 난조로, 그다음 날 있었던 인터뷰는 망했다.

　인터뷰를 통과하기까지 보통 3번 인터뷰를 보게 된다. 첫 번째는 리크루터와 이야기하는 15~30분 정도 짧은 간단한 인터뷰이다. 두 번째는 폰 인터뷰로 통하는 45분 혹은 1시간 정도 걸리는 엔지니어와의 인터뷰이다. 세 번째는 코로나 이전에는 지원한 회사로 초대되어 봤지만, 현재는 폰 인터뷰와 마찬가지로 온라인으로 진행되는 4~5시간 정도 인터뷰를 하는 온사이트 인터뷰이다. 코로나 이후의 온사이트 인터뷰는 회사에 직접 찾아가지 않아도 되기 때문에 시간을 많이 절약할 수 있다.

　내가 지금 제시하는 방법은 내가 실행해 본 방법은 아니지만 이

JUST TRY IT
해보니 되는구나

론적으로 완벽해 보여서 소개해 보려고 한다. 이 방법의 키포인트는 인터뷰를 가능한 몰아서 보되, 진짜 가고 싶은 회사들과의 인터뷰는 나중에 배치시키는 것이다. 이 방법을 통하면 먼저 본 인터뷰를 통해 자신이 부족했던 부분을 바로 캐치하여 다음의 인터뷰에 반영할 수 있다. 그리고 자신이 가고 싶은 회사를 되도록 늦게 스케줄을 잡게 되면 충분히 실전 연습을 거친 다음에 원하는 회사와 인터뷰를 보게 되는 것이니, 내 실력을 최대로 발휘하고 싶은 인터뷰에서 상당한 자신감이 있게 된다.

좀 더 구체적으로 말하면 가능하다면 3주간 휴가를 연달아 낸다. 3주가 불가능하다면 2주도 괜찮을 것 같다. 한국에 계신 분들이라면 3주간의 연속된 휴가라니 턱도 없는 소리라고 하겠지만, 미국이거나 유럽 쪽 국가라면 충분히 가능한 일이다. 일단 본격적인 인터뷰를 들어가기 전에 인터뷰의 감을 잡을 겸 목표로 하는 회사가 아닌 곳과 인터뷰를 잡는다. 첫 번째 관문인 리크루터와 연락은 보통 15분에서 길어도 30분이므로, 업무시간에 잡는다. 연습용 회사와 폰 인터뷰도 보통 45분에서 1시간 사이므로, 하루에 1개 정도로 업무시간에 스케줄을 잡는다. 이렇게 하여 어느 정도 연습이 되었다면, 목표로 하는 회사들과 폰 인터뷰를 3주간의 휴가 중 첫 1주와 2주에 몰아서 잡는다. 폰 인터뷰에 합격한 회사들에 한하여 5개를 선정해 마지막 주에 온사이트 인터뷰 5개를 연달아 잡는다. 그리고 기다린다. 한 번에 인터뷰를 보려니 힘든 것도 있겠지만, 인터뷰 후에 인터뷰를 복기하면서 부족한 부분을 바로 바로 수정하여 다음날 반영할 수 있는 장점이 있다. 또한 만약 여러 개의 회사에서 동시에 오퍼를 받게 되면, 비슷한 시기에 오퍼를 받는 것이니, 연봉 협상 시에도 유리한 고지에 서게 되는 것이다.

인터뷰는 기세다

여기에서 중요한 것은 인터뷰에서 떨어지게 되더라도 기가 죽거나 슬퍼하지 말라고 하고 싶다. 근데 이게 말이 쉽지, 막상 인터뷰에서 떨어지면, 기가 죽고 슬프다. '가슴이 데인 것처럼, 눈물에 베인 것처럼' 왼쪽 가슴에 낙인이 찍힌 것 같다. 나도 그랬다. 처음에 떨어지면 진짜 가슴이 아프고, 내 자신이 초라하고 많이 부족해 보이는 것도 사실이다. 사기가 떨어져 다니던 회사 그냥 다니고 말지 인터뷰는 그만 보고 싶어진다. 하지만, 내가 처음 인터뷰에 떨어져 속상하다고 스터디에서 내 감정을 공유했을 때, 같이 스터디를 했던 분들에게 들었던 말인데, 나도 여러분에게 똑같이 해주려고 한다. 인터뷰에서 떨어지면, 처음에만 그렇게 힘들지 나중에는 약간의 실망감은 있지만, 아무렇지도 않게 된다고. 나는 여기에 보태서 한 가지 더 말하고 싶다. 여러 번 인터뷰에 떨어져 인터뷰에 떨어지는 게 아무렇지도 않게 되었을 때, 그때 최초로 예상치 못하게 인터뷰에 합격하게 되는 시점이 온다. 그때부터 주변의 기운이 바뀌는 것이 느껴지며, 앞으로는 왠지 인터뷰에는 합격할 것 같은 느낌이 강해진다. 그리고, 신기하게도 점점 합격하게 되는 인터뷰가 많아지게 된다.

JUST TRY IT
해보니 되는구나

인터뷰는 기세다. 전장에서 사기가 전쟁의 승패를 가를 수 있듯이, 인터뷰에서도 그렇다. 한번 승기를 잡으면 계속 가게 된다. 그만큼 기세가 중요하다. 한번 상승 기세를 타게 되면 이 기세는 면접관에도 고스란히 전달이 되어 지원자에 대한 확신을 높여준다. 이런 이유로 원하는 회사를 나중에 배치하는 것이 유리하다.

늦깎이 아줌마의 Google 인터뷰 후기

◇

　나는 Google과의 인터뷰는 두 곳의 회사로부터 구두 오퍼(Verbal Offer)를 받고 정식 오퍼(Written Offer)를 기다리는 와중에 보았다. 내가 본격적으로 이직 준비를 하기 약 8~9개월 전부터 Google 리크루터로부터 Google과 인터뷰를 볼 생각이 있냐고 연락이 왔었는데 그때는 내가 준비가 안 되어 있어서, 나중에 준비되면 연락을 하겠다고 리크루터에게 말했었다. 경험상 준비가 안 되어 있는데 인터뷰를 보게 되면, 인터뷰에 떨어질 것이 자명하고, 한 회사와만 본다면 그 인터뷰를 통해서 얻은 경험을 바로 이용할 곳이 없기 때문에 굳이 스트레스를 받으며 불필요한 인터뷰를 볼 이유가 없었다. 또한 Google과 같은 큰 IT 회사들은 인터뷰를 연기해도 포지션이 없어진다는 등 큰 불이익이 없다는 것을 알고 있었다. 인터뷰를 본격적으로 준비하기 시작하며 나에게 연락했던 Google 리크루터에게 다시 연락해 3개월 이후로 인터뷰 날짜를 정하였다. 그 3개월 안에 이 챕터에서 공유한 대로 스터디를 통해 인터뷰를 준비하였고, 여러 회사들과 인터뷰를 보았다. 당연히 많이 떨어졌고, 마지막에는 다행히 두 곳의 회사로부터 오퍼를 받았고, 이직할 회사를 이미 마음속으로 정했었다. 마음을 정한 후에는 사실 더 인터뷰를 보기 싫었다. 회사일, 인터뷰, 스터디를 병행했더니 몸과 마음이 많이 지치기도 했었고, 그냥 쉬고 싶어서 스터디도 나가지 않고 더 이상 인터뷰를 준비하지 않고 있었다. 하지만, 여태까지 기다려 준 리크루터와의 의리를 지키고 내 염치를 차리기 위해 인터뷰를 취소하지는 않았다.

소통의 중요성

2개의 오퍼를 받은 기세 덕분인지 나는 인터뷰를 보는 것이 더 이상 두렵지 않았다. 이미 좋은 조건으로 이직할 회사를 마음속으로 선택해 놨었기 때문에 Google과의 인터뷰는 그냥 한번 해보자였다. 신기하게도, 인터뷰 보는 내내 모든 문제들이 평이하게 느껴졌고, 놀랍게도 인터뷰어와의 소통도 너무 자연스러웠다. 나는 빈약한 알고리즘이더라도 당당하게 제시하였고, 면접관이 지적하면 왜 그런 생각을 했는지 물어보고, '나는 미처 그 생각을 못했다.'며 인정하고, 받아들이며 그럴 경우에는 그렇게 해야 한다고 순순히 인정하며 인터뷰를 계속 이어나갔다. 면접관이 뭐라고 하여도 전혀 주눅이 들지 않았다. 인터뷰는 기세다. 그냥 면접관이 내준 문제에 대해서 이야기하며 면접관과 티키타카를 했다고 보면 제일 비슷한 것 같다. 내가 본 Google 인터뷰 문제들은 대체로 평범한 문제로 시작해서 점차 복잡한 문제로 확장해 나가는 스타일이었기에 면접관과의 소통이 중요했던 것 같다.

Google과의 인터뷰가 끝나고 나서는 '잘 봤다! 모든 문제를 다 풀었다! 모르는 게 전혀 없었다!'라는 느낌은 전혀 없었다. 다만 '뭘 풀었는지 모르지만 그냥 면접관과 말이 잘 통했다.'였다. 나중에 리크루터에게 합격 소식을 듣고 추후에 있는 팀 매칭에서도 여러 팀들이 긍정적으로 피드백을 줘서 '내가? 왜 나를?'이라며 좀 의아하긴 했지만, 꿈은 꿨어도, 입사할 생각조차 못 했던 회사에 입사하게 되어 기분은 말도 없이 좋았다.

[사진16] 구글 오피스 앞에서 저자

이것이 내가 인터뷰에서 주어진 문제의 답안만을 제시하는 것에만 초점을 맞추지 말고, 면접관과 소통하는 것도 인터뷰의 중요한 부분이라고 강조하는 이유이다. 왜 문제풀이만큼 면접관과의 소통이 중요한지 내가 겪은 메타(구 페이스북) 뿐만이 아니라 다른 회사와

JUST TRY IT
해보니 되는구나

의 인터뷰를 통해 더 확실한 예를 줄 수 있지만, 이 경험은 더 구체적으로 인터뷰 문제를 언급해야 하기 때문에 공유하기는 어려울 것 같다. 안 믿기겠지만 내 솔루션이 확실하게 틀려도 합격이 가능하다는 것이다.

여기에서 나의 인터뷰 경험을 다시 한번 공유해 보았다. 이것은 나에게 맞는 방법이었다. 내가 제시한 방법이 다수의 사람들에게 통한다고 장담은 못 하지만, 한 가지 확실한 것은 분명히 각자 맞는 방법이 있다. 그러니 주저 말고 자신에게 맞는 방법을 찾기 위해 여러 가지 시도해 보라고 이야기해 보고 싶다. 작은 시도라도 시도를 해보아야 자신의 꿈에 다가갈 수 있는 작은 성공을 이룰 수 있기 때문이다.

[사진17] 저자가 일하는 구글 오피스 앞에서 장두 씨

PART 3

해보니까
진짜
되는구나

CHAPTER 7

늦깎이 아줌마의
미국에서 살아남기를 마치며

    미국에서의 삶을 되돌아보니 그동안 많은 일들이 있었다. 육체적인 고통보다 정신적으로 힘든 일이 더 많았던 것 같다. 끝날 것 같지 않았던 시련이 있었고, 혹독한 시련에 초라해졌던 내가 싫어졌던 시기도 있었다. 나를 힘들게 했던 것들은 모두 다 애증의 장두 씨로부터 시작되었다며 장두 씨를 원망도 했고, 때로는 내 능력이 모자라서 안 되는 거라며 나 자신에게 실망하고 모질게 스스로를 질책하며 불행한 시기를 보내기도 했다.

JUST TRY IT
해보니 되는구나

내부의 부정적인 자아 길들이기

⬦

이 아줌마가 미국에서 홀로 고군분투하면서 배운 것 중 제일 중요한 것은 일단 도전하기로 마음먹었다면, 주변의 부정적인 시그널들을 차단해야 한다는 것이다. '돌아가.', '넌 안될 거야.', '그만해.', '되겠어?' 등 주변의 부정적인 시그널은 내가 나 자신에게 부정적인 시그널 보내게 하는 주요 원인이다. 이런 외부의 부정적인 시그널들이 내부로 들어와 쌓이다 보면, 어느새 걷잡을 수 없이 커진다. 내부의 부정적인 자아는 순식간에 나를 파괴할 수도 있는 최대의 적이다. 다들 내 위치에서 시도해 보지 않고, 내가 가는 길이 막다른 길이라고 생각해서 하는 이야기이니, 절대로 이런 이야기에 휘둘릴 필요 없다. 주변에서 이런 이야기를 듣게 될 때마다 '아! 이것은 부정적인 시그널이구나.' 라고 인지만 해도 내부의 부정적인 자아를 깨우지 않고 조용히 그것을 흘려보낼 수 있다.

감정일기 쓰기

하지만, 어떤 때에는 부정적인 시그널이 너무 강해서 내가 그것을 인지하고 흘려보내려고 해도 흘러가지 않고 다시 되돌아와 계속 나를 괴롭히는 경우도 있다. 이렇게 마음을 다잡아도 부정적인 시그널을 흘려보내기 어려울 땐, 부정적인 시그널과 그로 인한 속상한 감정들을 더 이상 속상한 감정이 느껴지지 않을 때까지 아무 종이에 숨김없이 되도록 자세하게 적어보는 것이다. 처음에는 감정의 크기에 초점이 맞춰지기 쉽기 때문에 '미웠다.', '창피했다.', '무안했다.', '우쭐했다.', '뿌듯했다.', '감사했다.' 와 같은 감정 자체도 잊지 말고 적어야 한다. 문단의 구성, 기승전결, 문맥 등과 같은 것들은 전혀 생각하지 않아야 한다. 자신이 힘들었던 상황을 머릿속으로 재현해 가면서 순간순간마다 느꼈던 나의 감정을 아주 솔직하게 써내려가는 것에만 초점을 맞춰야 한다. 그냥 가감 없이 들춰내야 한다.

　나는 회사에서 노트를 하나 가져와, '감정일기'라고 이름을 붙였다. 주체하기 힘든 속상한 일이 자꾸 나를 괴롭혀 견디기 힘들 때마다 그때 상황을 구체적으로 묘사하고 어느 부분에서 나의 감정이 어떻게 상했는지 자세히 써내려갔다. 느꼈던 감정들을 하나도 놓치지 않기 위해 최대한 슬로우 모션으로 상황을 재생했다. 감정일기는 자기 감정에 솔직할수록 어려워진다. 종종 나 혼자 내 감정을 돌아보는 데도 너무 괴로워서 더 이상 쓰지 못하고 일기장을 덮어버리기도 했다. 그러면, 잠시 쉬거나, 한숨 자고 나서 다음 날 그래도 마음이 무거우면 다시 일기장을 열었다. 아무리 괴로운 기억이라도 아주 미세하게 내 감정들을 나열하다 보면, 대부분은 부정적인 감정들이지만, 신기하게도 부정적인 감정들 사이에 가끔씩은 좋은 감정들도 느꼈다는 것을 발견하기도 했다. 처음 감정일기를 쓸 때에는 남들이 나의 수치스러움을 누가 볼까 두려워 완전히 솔직하게 쓰지 못했는데, 솔직하게 다 까발리지 못하면 이 방법은 효과가 없다. 정 쪽팔리고 부끄러우면 다 쓰고 나서 찢어버려도 되니 어렵더라도 그냥 솔직하게 쓰면 된다. 한번 쏟아 낸 감정들을 굳이 다시 읽어볼 필요는 없다. 진짜 솔직했다면, 그때 느꼈던 민망함과 괴로움이 다시 생각나지 않게 된다. 혹여, 다시 생각나더라도 그 감정의 세기는 많이 약해진 것을 발견할 것이다.

이렇게 느꼈던 감정을 솔직하게 적다가 보면 어느새 부정적인 시그널은 사라지고, 내부의 부정적인 자아는 잠잠해진다. 부정적인 자아가 잠잠해졌다가도 다시 휘몰아치면, 다시 일기장을 열면 된다.

나에게 일기 쓰기란 초등학교 때 방학숙제중 하나로 개학 전에 한 번에 한 달 치를 몰아서 쓰던 가장 하기 싫었던 방학숙제였다. 하지만 감정일기는 나의 멘털을 정화시키는 중요한 도구라고 생각해서 그런지 지금까지 계속 자발적으로 쓰고 있다. 한번 깨어난 내부의 부정적인 자아는 쉽게 잠재우기 힘드니 외부의 부정적인 시그널이 가슴에 오랜 기간 남아 있지 않도록 각별히 주의해야 한다.

꿈이 있다면 한번 도전해 보기

⇔

거시적 꾸준함

내가 지금까지 미국에서 살아남을 수 있었던 것은 시련을 견디기 힘들어 모든 것을 내려놓고 싶다가도, 작은 기회라도 기회가 보이면 그냥 '한 번 더 해볼까?'라고 생각하며 기회가 있을 때마다 생각 없이 꾸준히 도전했기 때문이다. 즉, 나를 여기까지 이끈 것은 짧은 순간 동안에 '열심히'가 아니라 쉬엄쉬엄하되 끈을 놓지 않는 '거시적 꾸준함'이었다. 기회가 오면 도전하고 실패하면, 쉬다가, 주어진 삶을 살아가고, 기회가 오면 또 도전하고, 또 실패하고, 내 삶을 살아나가고. 이렇게 반복하다 보니, 어쩌다 한 번씩은 성공하기도 했다. 그런데 그 한 번의 성공은 나에게 이전보다 조금 더 많은 것을 볼 수 있게 만들었고, 더 넓어진 시야는 나에게 또 다른 기회를 주었다.

또한, 절체절명의 순간마다 나를 응원해 주고 도와준 의인들도 빼놓을 수 없다. 비록 장두 씨가 시켜서 반강제로 미국 생활을 시작하긴 했지만, 억지로라도 도전했기 때문에 만날 수 있었던 좋은 친구들이 있었다. 그중에서도 내가 만난 사람 중 가장 중요한 사람은 중간에 포기하지 않았던, 빛나는 줄 모르고 있었지만, 반짝반짝 빛나고 있었던 내 자신이다. 그렇다고 나만 빛나고 있었던 것은 아니다. 지금 모두들 각자의 색으로 빛이 나고 있는데, 안타깝게도 그것을 잘 모르는 사람도 많다.

꿈꾸는 것 없이, 딱히 도전하지 않고, 하고 싶은 것도 없이 사는 삶의 형태가 나쁘다는 것은 아니다. 그것은 내가 어릴 적부터 꿈꿔 왔던 '선량한 한량'의 삶과 유사하다. 어느 것이 절대적으로 낫다고는 말하지 못하지만, 이 늦깎이 아줌마는 도전을 통해서 사람이 세상에 태어나 한 번쯤 해보고 싶은 가슴을 설레게 하는 꿈을 꾸고 그 꿈을 이루려고 노력하며 사는 것도 슬픔, 좌절과 함께 기쁨과 성취감을 준다는 것을 배웠다.

이 아줌마가 말하고 싶은 것은 반드시 인생의 꿈을 가져야 한다가 아니다. 아무것도 하지 않아도, 꿈을 꾸지 않아도 행복할 수 있다. 하지만, 이미 가슴속에 꿈이 있는 사람들은 계속 도전해야 한다는 것이다. 자신이 원하는 꿈을 위해 그 어떤 것이라도 자신이 할 수 있는 범위에서, 작든 크든, 말이 되든, 안되든 남들이 비웃든 말든, 지금 할 수 있는 시도를 해봐야 한다는 것이다. 그중에 어떤 것이라도 이루게 되면, 그만큼 자신의 꿈에 다가가는 것이기 때문이다. 그리고 그 일보 전진한 곳에서부터 시도할 수 있는 것들

중에는 분명히 이전에는 보이지 않았던, 볼 수 없었던 새로운 기회들도 포함된다. 이렇게 계속 시도하다 보면, 반드시 자신의 꿈으로 가는 길이 보인다. 이것은 특별한 사람들에게만 주어진 능력이 아니다. 신기하게도 인간의 유전자가 그렇게 설계되어 있다. 꾸준히 도전하며 보이는 길로 계속 걸어가다 보면, 어느덧 절대 안 될 것 같이 보였던 일들을 이뤄낸 자신을 발견할 것이다. 우리가 산을 오를 때, 지쳐서 앞을 보지 못하고 한 치 앞의 땅만 보며 한 발 한 발 걸어가다 보면, 어느새 산 정상에 올라 있는 것과 같다. 이것은 고리타분하게 들릴지 모르지만 요즘 시대에도 통하는 사실이다.

일단 꿈을 위해 그 자리에서 해볼 수 있는 여러 가지 것을 시도해 보고, 실패하고, 가끔씩 이루어 내는 것을 반복하는 것이 자신의 꿈에 다가가는 가장 확실한 방법이라고 생각한다. 비록 주당 70시간, 100시간 동안 쉴새 없이 노력하지 않아도 계속 쉬엄쉬엄 찾다 보면 분명히 찾아질 것이고, 결국 꿈을 이룰 수 있다고 믿는다. 이 아줌마도 느리긴 해도 쉬엄쉬엄 계속 꿈을 향해 가고 있다. 거시적 꾸준함이다. 그러니 여러분들도 파이팅이다. 이 아줌마도 응원한다. 꾸준히 시도를 한다면, 우리는 반드시 그 꿈을 이룰 것이다. 우리 인간은 그렇게 설계되어 있다. Simply do it!

JUST TRY IT
해보니 되는구나

맺음말

❖

나는 어쩌다 실리콘밸리까지 와서 소프트웨어 엔지니어로 살아가고 있을까? 한국에서 마지막 직장에 입사했을 때 나의 사수가 생각이 난다. 그때 그 사수는 언젠가 실리콘밸리에 가겠다고 했었고, 나는 이 좋은 직장 놔두고 고생스럽게 거길 왜 가냐고 했었는데, 아이러니하게도 그 사수는 지금도 그 직장에서 잘나가고 있고 나는 현재 실리콘밸리에 있는 구글에서 소프트웨어 엔지니어로 일하고 있다.

무엇이 나를 여기까지 이끌었을까? 그저 성적에 맞춰서 장래에 대한 고민 없이 선택한 전공이 컴퓨터 과학이었고, 대학을 졸업하고 전공에 맞춰서 처음으로 잡은 직업이 소프트웨어 엔지니어였다. 소프트웨어 엔지니어로서 일을 하면서 항상 새로운 기술을 따라가야 하는 것이 적성에 맞지 않았고, 더욱이 그 당시 한국에서는 소프트웨어 엔지니어에 대한 처우도 열악하여 나의 직업을 바꾸어보려고 회사를 몇 번이나 그만두었다. 하지만 그때마다 사회적으로 큰 이슈가 되는 사상 최대의 청년실업률 속에서는 배경지식이 전무한 새로운 분야에서 구직을 시도하는 것보다 그래도 짬밥 좀 먹어본 곳에서 다시 소프트웨어 엔지니어로 구직을 하는 것이 더 수월하였다. 어처구니없게 들리겠지만, 소프트웨어 업계를 떠나고 되돌아오기를 반복하였지만 결국 나는 지금 실리콘밸리에서 소프트웨어 엔지니어로 일하고 있다.

지금은 예전과는 다르게 나는 실리콘밸리에서 소프트웨어 엔지니어로서의 삶에 만족하고 있다. 소프트웨어 엔지니어에 대한 좋은 처우와 경쟁력 있는 연봉, 은퇴 후 삶을 위한 주식과 연금, 글로벌 시장을 선도하는 회사 브랜드도 영향이 있겠지만, 무엇보다도 내가 나 자신을 더 사랑하게 되어서 그런 것 같다. 나는 늘 모른다는 불안감과 부단히 노력한다고 해서 도저히 따라갈 수 없는 자신만의 세계가 확실한 천재스러운 주변 개발자들과의 비교로 괴로웠었다. 장두 씨를 통해 어쩌다가 억지로 생각지도 않은 도전을 하게 되면서, 시련과 고통을 마음 안에 품고 있으면 죽을 만큼 괴롭고, 그것을 흘려보내야만 비로소 산다는 것을 깨닫게 되었다. 고통을 흘려보내려고 감정일기를 쓰면서 나를 조금 더 있는 그대로 인정하게 되었고, 나를 인정하게 되니, 스스로를 힘들게 만들었던 수치스러운 감정이 조금은 사그라들었다. 그 결과 부족한 부분은 '어쩌라고'의 태도로 넘겨버리고, 내가 잘할 수 있는 것에 조금 더 초점을 맞추며 살게 되었다.

도전은 가능성을 열어준다. 무엇인가 원한다면 도전을 해야 가능성이 생긴다. 그러나 현재의 삶을 포기하고 오로지 도전만 시도하는 것은 짜릿하지만 위험하다. 이것은 더 나은 삶을 위한 도전이 아니라 도전을 위한 도전이다. 본인의 삶을 살면서 할 수 있는 도전을 하다 보면 신기하게 뭔가 길이 열린다. 그럼 그 길로 쉬엄쉬엄 가다가 또 도전하면 된다. 이것이 이 책에서 말한 '거시적 꾸준함'이다. 너무 무엇인가를 바로 지금 당장 롸잇 나우 하려고 하지 말라. 힘들다. 힘들면 지친다. 오늘은 오늘대로 내일만큼 값진 시간이다. 오늘 할 수 있는 것을 하면서 시간이 나면 한번 내일을 위한 도전을 해도 원하는 것을 이룰 수 있다. 또, 지금의 삶에 만족하고 있다면 도전하지 말고, 현재 삶을 온전히 즐기면 된다. 그것이 진정한 승자일 것이다.

나는 지금 소프트웨어 엔지니어로서의 삶을 만족한다. 하지만, 몇 년 후 나의 사랑스러운 딸들이 대학을 가면 – 딸들아 제발 재수는 안 된다 – 다시 한번 선량한 한량으로서의 삶을 도전해 볼 것이다. Simply try it.